KB241912

우마드 Womad

여성시대의 새로운 코드

우마드 Womad
여성시대의 새로운 코드

2003년 12월 31일 초판 1쇄 발행
2007년　4월 27일 재판 7쇄 발행

지 은 이 | 김종래
펴 낸 곳 | 삼성경제연구소
펴 낸 이 | 정구현
출판등록 | 제03-00975호
등록일자 | 1991년 10월 12일
주　　　소 | 서울시 용산구 한강로 2가 191 국제센터빌딩 7, 8층
　　　　　 전화 3780-8153, 8370, 8372(기획), 3780-8084(마케팅)
　　　　　 팩스 3780-8152
　　　　　 http://www.seri.org　　seribook@seri.org

ISBN | 89-7633-230-X　　04320
　　　　 89-7633-211-3(세트)

006　**SERI** 연구에세이

우마드 Womad

여성시대의 새로운 코드

김종래 지음

삼성경제연구소

사람으로 태어나서 사람으로 살아가는 길이 무엇인지를
치밀하고도 치열하게 가르치셨던 어머니.
수십 년 중풍을 앓는 남편을 뒷바라지하다 과로로 쓰러져
남편보다 먼저 세상을 뜨신 장모님.
여자의 일생이 얼마나 숭고하고 아름다우며,
또한 처절한지를 늘 새롭게 일깨워주셨던
두 분께 이 책을 바칩니다.

차례

누가 우마드인가?

살맛나는 여성 시대

붉은 영웅이라는 뜻을 지닌 몽골 수도 울란바타르의 중앙은 행 지하에는 진귀한 보석들이 보관돼 있다. 수십 캐럿짜리 다이아몬드부터 사파이어와 비치, 터키석, 에메랄드, 금은 세공품까지 모두가 입을 다물지 못할 진품들이다. 이 보석들을 전시할 박물관이 2004년 완공될 예정이라 아직은 은행 지하 깊숙한 곳에서 잠을 자고 있다.

이 귀하고 화려한 보석들은 요즈음의 것들이 아니다. 800년 전, 칭기스칸과 그의 동지들이 세계 곳곳을 정복했을 때 가져온 것들이다. 유럽에서부터 중국, 이슬람 세계에 이르기까지 유목민의 손이 뻗치지 않은 곳이 없었으니 보석들 또한 세계적인 것들이다.

당시 몽골 유목민들은 왜 보석들을 약탈품으로 챙겼던 것일까? 남의 나라에 비싼 값을 받고 팔기 위해? 집에 남겨진 아내를 사랑해서? 아니면 아내만 남겨둔 채 너무 오랫동안 집을 비운 게 미안해서?

이런 질문들을 몽골인들은 한결같이 일축한다. "천만에요. 사랑보다 더 큰 사회 전체의 역할 분담의 증거물들이죠." 남자는 전쟁이, 여자는 가정을 꾸리고 지키며 관리하는 게 생업이던 시절이다. 남자와 여자는 그렇게 역할을 분담한다. 남녀는 각기 맡은 역할 속에서 생활하되, 생업을 통해 얻어지는 것을 필요한 사람에게 나눠주는 사회였다. 보석은 당연히 여성에게 필요한 물품이다.

유목민들이 세계 제국을 건설할 수 있었던 원천적인 힘의 근원은 남녀 역할 분담에 있다. 800년 전, 유목민이 정복한 유라시아 대륙에는 이런 열린 사회가 구현되고 있었다. 종교나 민족, 부족이나 고향이 다르다는 사실은 인간관계 형성에 아무 영향을 미치지 않았다. 당연히 남녀 관계도 평등했다. 이것이 칸막이를 헐어버린 사회의 모습이다. 사람과 사람 사이에 칸막이가 없으면 사회 전체가 열린 사회가 된다. 민족과 민족 간에, 대륙과 대륙 간에도 장애물 없이 소통이 이루어진다. 몽골의 보석들은 단순히 여성에 대한 남성의 사랑의 증거물이 아니었다. 이는 인간이 공동체를 어떻게 이룰 것인가를 말해주는 표상이다.

그럼 어제와 오늘의 한국 사회는 어떨까.

한 곳에 정착해 살다 보니 생겨났던 수많은 칸막이들, 학연과 지연과 혈연이 사회를 지배했다. 그보다 더 두꺼운 칸막이는 남성과 여성 간에 있었다. 여자들은 어려서 아버지를 따르고 결혼하면 남편을 따르며 늙어서는 아들을 따라야 한다는 삼종지도(三從之道)를 읊어야 했다. 평생 칠거지악(七去

之惡)의 울타리 안에 갇혀 살아야 했다.

　그러던 이 나라에 천지개벽이 일고 있다. 마치 타임머신을 타고 몽골 유목민들이 세계제국을 건설했던 800년 전으로 질주해 가는 형국이다. 타임머신에 승선한 새로운 시대의 주인공들은 수없이 많다.

1998년 7월 김강자 총경, 충북 옥천경찰서장 부임

2001년 11월 양승숙 육군본부 간호병과장, 준장 승진

2003년 6월 양현아 박사, 서울대 법대 교수 부임

2003년 8월 전효숙 서울고법 부장판사, 헌법재판관 취임

　이제 이 땅에 여성들의 잰 걸음이 미치지 못할 금녀(禁女)의 신천지는 없다. 10년 전만 해도 46명이었던 여성 판사가 226명으로 늘었다. 10년 전 신규 임용 판사 가운데 여성은 5명에 불과했지만, 2003년 신규 임용 예비판사 110명 중 절반인 54명이 여자다. 2003년 11월 행정고시에서도 여성 합격자가 1/3을 넘어섰다. 가정 생계를 책임지는 여성 가구주도 어느덧 300만 명을 넘었다. 30년 전 80만 명이던 게 4배 가까이 늘어난 수치다. 결혼에서도 여성들은 당당하다. 예전엔 남자들이 흔히 서너 살 어린 여자와 결혼했다. 지금은 동갑이거나, 연하 남자와 연상 여자로 결합한 부부가 네 쌍에 한 쌍 꼴이다. 재혼에서도 재혼녀와 초혼남이 결합하는 비율이 전체의

6%에 이른다. 재혼남·초혼녀 커플보다 1.5배나 많다.

여성의 혁명, 성의 혁명은 급기야 호주제 폐지의 깃발을 내걸었다. 호주제는 부계(父系) 혈통만 인정하는 제도다. 혼인하면 특별한 경우를 제외하고는 여자가 남편 호적에 들어가야 한다. 자녀는 아버지 성을 의무적으로 따라야 한다. 호주제는 남아 선호를 더욱 부추겼다. 여자는 호주가 될 수 없으니 혈통을 이으려면 아들을 낳아야 했다. 1년이면 3만 명에 이르는 여자아이가 단지 사내가 아니라는 이유만으로 낙태당해야 했다. 이산가족 찾기 같은 프로그램을 보라. 아들이 아니어서 더 쉽게 버려진 이 땅의 수많은 딸들이 부모와 가족을 찾느라 피눈물로 절규하고 있다. 그 남성 중심 대한민국이 이제 거대한 변화를 겪고 있다. 호주제 폐지는 아마도 초가집에서 살다 타워펠리스로 이사한 것만큼이나 큰 변화를 여성들에게 가져올 것이다.

몽골과 몽골 유목민을 돌이켜 보는 것은 그래서 의미가 있는 작업이다. 몽골은 남녀가 상하를 이루는게 아니라 평등하게 역할을 분담한 사회였다. 이 점이 마르코 폴로에겐 무척 인상적이었던 것 같다. 그는 『동방견문록』에서 몽골 제국의 최고 통치자인 칸(Khan, 우리로 치면 왕)의 천막(겔)이 거대한 도시와 같았다고 기록하고 있다. 이 천막 한가운데에 칸이 앉았고, 옆으로 참모와 아내들이 함께 자리해 손님을 맞았다

　　　　　　　　　우마드 Womad − 여성시대의 새로운 코드

고 한다. 국가 중대사를 결정하는 회의에서도 여성은 소외되
지 않았다. 남성과 여성이 인간으로 함께 살아가는 세상을
몽골 유목민들은 자랑스럽게 노래한다.

여인은
사막의 오아시스요
전쟁터의 말이요
추운 겨울날의 화롯불이다

몽골 유목민들에게 전해오는, 여성을 양념이나 고명이 아
닌 세상의 절반, 혹은 그보다 더 핵심적인 사람으로 평가하
는 노래다. 이런 시는 수없이 많다.

보름달은
밤하늘의 밝은 등불
15세 소녀는
부모의 환한 등불
설령 달이 하늘에서 스러져도
온 우주를 비추는 달은 등불
설령 아내가 서른이 넘어도
가족들에게 그녀는 희망의 등불
달은 사라져 없어지는 일도 있지만

온 우주를 비추는 밤의 등불

비록 어머니가 늙어 노파가 되어도

자녀들에게는 따스한 등불

이 시에서처럼 세상의 중심에 서서 등불처럼 살아가는 여성들을 우마드(Womad)라 부르자. 우마드는 여성(Woman)과 유목민(Nomad)을 합성한 말이다.

그런 우마드들이 한국 사회에서도 출현해 세상을 향해 힘찬 걸음을 내딛고 있다. 우마드들은 이제 남자들을 조련해 이 나라를 송두리째 바꿀 것이다. 그리하여 우리의 삶은 우마드 패션과 우마드 라이프스타일로 대체될 것이다. 반지에서 구두까지, 옷차림에서 자동차까지, 언어에서 관습까지.

우마드는 누구인가?

세상 중심에 우뚝 선 우마드. 그들의 한쪽 발은 가정이라는 전통적 가치를 중시하는 세상을 딛고 있다. 다른 쪽 발은 남편과 자식의 성공이 아닌 나 자신의 성공을 추구하는 자아의 영토를 딛고 있다.

우마드에겐 자신의 성공이 곧 가족의 성공이다. 직장에서 여자라는 이유로 보조자 자리에 머물기를 단호히 거부한다. 전업 주부라 해서 자기의 성공이 없는 것도 아니다. 더 이상 집에서 밥하고 빨래하며 남편과 아이들 수발만 하지는 않는다. 부동산, 주식 같은 재테크에 능하고 아이들 교육 정보에도 민감하다. 직장에 갇혀 있는 남편보다 삶의 정보에서는 더 앞서 있을지 모른다. 직장을 가진 여자들보다 돈을 더 많이 버는 주부도 많다. 조화와 열린 사고를 지니되 현실을 디자인할 줄 아는 사람이 진정한 우마드다.

우마드는 우아한 옷차림을 즐기면서도 일할 때는 전투적이다. 예전에는 직장에서 살아남는 여성은 크게 두 부류였다. 남자보다 더 남자처럼 일하거나 아니면 조직의 꽃 같은 구실을 했다. 요즘 여성들은 전혀 다르다. 여성적인 옷차림에 화려한 화장으로 우아하게 단장하지만 일할 때는 빈틈이 없다.

줄타기하듯 두 역할을 오간다.

우마드는 기본적으로 돈에 관심이 많다. 하지만 삶을 즐기기 위한 돈이 필요한 것이지, 자식에게 물려주려고 악착같이 벌지는 않는다. 번 만큼 쓰는 것도 중요하다고 생각한다. 돈을 쓸 때도 예전 엄마들처럼 자개장을 사들이거나 몇천 만 원짜리 보석에 밍크코트를 두르는 식으로 쓰지는 않는다. 동대문 보세 옷에 몇백 만 원짜리 핸드백을 조화롭게 들고 다닌다.

우마드는 명품을 좋아하지만 명품에 집착하지는 않는다. 값비싼 보석에 열광하지도 않는다. 가볍고 세련된 이미테이션만으로도 충분히 분위기를 낼 줄 안다. 우마드는 가볍지만 품위가 있다.

그들은 특정 종교에 함몰되지도 않는다. 기독교, 불교 같은 종교를 가졌어도 동양의 전통적 무속이나 신비 사상에도 깊은 관심을 보인다. 그들은 육체를 닦고 마음과 마음이 소통하는 자리를 찾는다. 우마드는 자원봉사에도 적극적이다. 자녀 교육을 위해 캐나다 이민을 꿈꾸기도 하지만, 수해 지역에서 팔을 걷어붙이고 일하는 사람들이 바로 우마드다.

우마드는 진취적인, 동등한, 열정적인, 따뜻한, 평화로운, 사랑스러운, 함께하는, 진실한 같은 단어를 좋아한다. 최근에 성공하는 여성들의 특징 가운데 하나가 부드러움이다. 일할 때는 강인하지만, 평상시 인간관계에서는 남자들처럼 상하 위계질서를 엄격히 따지려 하지 않는다. 우리는 친구요 동지라는 메시지를 은연중 건넨다. 그들은 결합과 조화를 추구하는 삶을 살아간다.

바로 이 여성성(性)이 빛을 발하는 시대가 왔다. 팀을 이뤄 일할 때 여성은 "너, 이거 해"라고 얘기하지 않는다. "우리 목표가 이러이러하니 함께 하자"고 말한다. 합의에 도달하는 시간이 더 길어질지는 몰라도 최종 결실을 얻는 데까지 걸리는 시간은 훨씬 짧다. 그리고 그 결실은 훌륭하다. 직장에서 성공하는 우마드는 장기판에서 말 움직이듯 내키는 대로 아랫사람을 부리는 위압적인 사람이 아니다. 아랫사람이나 동료들에게 일을 해야 할 동기를 주고 의욕을 북돋운다. 교향악단 지휘자처럼 조직원들과 함께 호흡한다. 우마드의 덕목에서 '열린 사고'는 카리스마보다 훨씬 더 중요하다.

평화롭고 사랑스러우면서도 열정적이고 진취적인 모습이 바로 우마드 시대에 성공하는 여성상이다. 우마드는 행복과 즐거움을 동시에 추구한다.

한 템포 쉬어가자.

여성들은 너무 바쁘다. 남편 성공 걱정, 자식 교육 걱정에 가족 건강 걱정하랴, 돈 씀씀이 살피랴, 다이어트하랴, 노후 준비하랴 신경 쓸 곳이 도처에 깔렸다. 어떤 것은 개인적이고 또 어떤 것은 사회적인 사안이지만, 오늘을 살아가는 여성들은 너 나 할 것 없이 바쁘다.

젊다고 골칫거리가 적은 것도 아니다. 직장 다니는 새내기 주부는 더 바쁘다. 직장 일도 남만큼 해야지, 어린 자녀 돌봐야지, 빨래며 설거지까지 하려면 슈퍼우먼이 돼야 한다.

하지만 곰곰 생각해보면 그건 여성들만의 문제가 아니다. 남자도 바쁘다. 전보다 훨씬 더 정신없이 뛰어야만 살아남을 수 있다. 이제 직장도 처절한 생존 경쟁의 전쟁터가 돼버렸다. 누구도 정년 퇴직을 약속해주지 않는다.

세상이 왜 이렇게 바빠졌을까?

우리가 바빠진 것은 성격이 느닷없이 조급해져서 그런 것도 아니고 돈을 더 벌겠다는 욕심이 갑자기 커져서도 아니다. 세상이 변했기 때문이다. 세상은 이미 산업 사회를 넘어 지식정보화 사회로 넘어가고 있다. 사회의 중요한 가치가 땅이나 자본, 노동력에서 지식과 정보로 옮겨가고 있다.

과거 농경 사회나 산업 사회의 한가한 생활 형태로는 이제 새로운 사회에 적응할 수 없다. 21세기를 흔히 지식혁명 시대라고 말한다. 지식은 농업혁명과 산업혁명을 거친 인류에게 새로운 과제로 다가섰다. 이미 많은 영역에서 변화가 시작됐고 또 진행되고 있다.

한국인에게 이런 변화를 각성시켜준 계기가 1997년 들이닥친 IMF 외환위기다. 농사짓는 땅처럼 결코 사라지지 않으리라 믿었던 직장들이 줄줄이 문을 닫았다. 월급으로 생활하던 샐러리맨들은 하루아침에 근거지를 잃고 말았다. 그나마 살아남은 기업도 정리해고다 명예퇴직이다 해서 가장들을 거리로 내몰았다. 그 물결은 50세 정년을 불렀고, 45세면 정년 퇴직을 한다는 사오정 시대라는 말까지 등장시켰다. 요즈음엔 30대 명퇴론까지 나오는 판이다. 이제 누구도 평생직장이라는 말을 입에 올릴 수 없게 됐다. 남자들은 회사에선 더 나은 능력을 발휘해보려고 고심하는 한편으로, 느닷없는 퇴직에 대비해 새로운 생계 방편도 기웃거려야 한다. 이렇게 남편들이 변하면서 가정도 사회도 변화하고 있다.

철강왕 카네기나 석유왕 록펠러의 신화는 이제 이름만 남은 옛날 이야기일 뿐이다. 컴퓨터 발달과 더불어 마이크로소프트의 빌 게이츠나 야후의 제리 양, 아마존의 제프 베조스, 소프트뱅크의 손정의 같은 인물이 세계적인 부자로 급부

상했다.

이들은 하나같이 유형(有形) 재산이라곤 거의 없는 상태에서 거부로 성장했다. 부동산이나 자본, 금이나 석유도 없었다. 이들이 지닌 것은 오직 지식뿐이었다. 지식 하나로 세계 최고 부자가 되는 사례는 인류 역사에 처음 있는 일이다. 지식기반 경제가 출현한 것이다. 인류는 그렇게 변해가고 있다. 원하든 원하지 않든 우리는 지금 지식 사회라는 낯선 사회로 내달려가는 쾌속 열차에 올라타 있다.

지식정보화 사회를 이룩한 힘을 과학기술 측면에서 표현하자면 '디지털 세상'이라 할 수 있다. 디지털이 이룩한 '인터넷 세상'이라고 말할 수도 있다. 디지털 세상은 새로운 가능성을 열어준다. 지식과 정보로 무장한 사람에겐 성공의 길이 열려 있다.

어렵고 복잡하게 생각할 필요가 없다. 우리는 이미 많은 부분에서 디지털의 힘을 이용하고 있다. 설거지를 끝낸 주부들이 인터넷으로 동창생을 만난다. 홈페이지를 만들거나 커뮤니티를 구축해 언제 어디서나 친구를 만날 수 있다. 방에 앉아 영화를 보고, 집에서 대학이나 사회교육원의 강의를 듣고, 인터넷 검색으로 새로운 정보를 얻을 수 있다. 너무 편해졌고 너무 많은 일을 할 수 있는 세상이 됐다.

디지털 세상은 아날로그보다 수천, 수만 배의 가능성을 열어준다. 그곳엔 국경도 없고 장벽도 없다. '정보의 바다'라 부르듯 인터넷에는 모든 정보와 재화(財貨)가 떠다닌다. 이 정보와 재화들은 인터넷에 접속만 하면 언제든 자기 것으로 건져낼 수 있다. 유학 간 아들과 화상 전화를 할 수 있는 것도 디지털 덕분이고, 몇 초 만에 주식 수백 억 달러어치를 사고파는 것도 디지털 세상에서는 가능하다. 정보를 팔아 천문학적인 액수의 돈을 벌 수도 있고, 하루아침에 기업이 망할 수도 있다. 디지털 개념은 이렇게 세상을 바꿔놓았다.

그러면서 농경 사회나 산업 사회의 부지런함과는 비교도 되지 않을 만큼 속도가 중요한 세상이 됐다. 한 발 먼저 정보를 얻느냐 못 얻느냐가 한 개인이나 기업, 국가의 운명과 직결된다. 핸드폰을 두어 개씩 챙겨 다니고 인터넷 메신저를 언제든 열어둬야 하는 세상이다. 정보를 가진 자, 즉 지식을 준비한 사람만이 성공할 수 있는 사회가 왔다.

디지털이 몰고 온 새 세상은 사람들을 떠돌이로 만든다. 유목민이라는 이름의 떠돌이, 그러나 양을 치거나 낙타를 기르는 과거형 유목민이 아니다. 프랑스 석학 자크 아탈리는 새로운 시대의 유목민을 단 몇 마디 말로 규정한다.

부자들은 여행을 즐기기 위해

가난한 사람은 일자리를 찾기 위해

끊임없이 세계를 떠돌아다닐 것이다

과거 유목 시대의 오아시스 같은 근거지에 연결만 돼 있으면, 사람들은 어디든 이동할 수 있다. 핸드폰과 노트북이 사람들에게 자리를 박차고 나설 수 있게 한다. 외국인 근로자, 정치적 망명자, 제 땅에서 쫓겨난 농민들, 그리고 부유한 사람들의 여행이 모두 새로운 유목 형태의 표출이다. '도시유목민'이라는 이름의 새로운 유목민들이 등장한 것이다.

지금 우리 앞에 닥친 유목이라는 이름은 사실 전혀 새로운 것이 아니다. 과거에 존재했고 지금도 존재하는 삶의 유형이다. 인류는 원래부터 떠돌이였다. 인류의 조상은 200만 년 전 아프리카에서 진화를 거듭하며 유라시아 대륙으로 퍼져 나갔다. 인류가 농경 정착 생활을 하게 된 것은 기껏해야 1만 년 전부터다. 현생 인류의 조상인 호모 사피엔스가 등장한 때를 10만 년 전으로 보면 인류는 삶의 대부분을 떠돌이로 살아온 셈이다.

우리는 인류 역사를 바꾼 두 번의 거대한 이동을 목격했다. 아시아에서 아메리카 대륙으로 건너간 인디언을 비롯한 몽골로이드 황인종(선사 시대~15세기) 시대가 그 하나이다. 두 번째는 컬럼버스의 아메리카 대륙의 발견으로 시작된 유럽계 인종(15세기 말~20세기) 시대이다. 그리고 21세기. 이제 인류는 물리적 공간과 사이버 공간에서 동시에 진행되는 세 번째 대이동을 시작하고 있다.

4 신모계 사회에서 도시유목민으로 살아가는 여성이 바로 우마드

오늘 세상엔 모계 사회가 다시 왔다 해도 과언이 아닐 만큼 여성의 지위 향상이 눈부시다. 과거 농업 사회와 산업 사회에서는 세상이 남성 중심일 수밖에 없었다. 땅을 파며 평생을 사는 사람에게 가장 중요한 것이 무엇인가? 노동력, 힘이다. 그러니 농업 사회의 경쟁에선 남자가 일방적으로 유리했다. 그렇게 힘이 지배하는 세상은 남성을 위한 세상이고, 사회 또한 남성 중심으로 굴러가게 마련이다. 자본과 노동력이 구성하는 산업 사회도 마찬가지다. 기업주에겐 자본과 생산 시설이 중요하지만 개인에게는 노동력, 특히 기술을 지닌 노동력이 중요하다. 그리고 그 대부분을 남성이 차지했다. 상대적으로 가정에 얽매이지 않는 남성이 사회에 나가 일을 처리해낼 능력이 많았다.

그러나 21세기 지식정보화 사회가 되면서, 즉 디지털 세상이 되면서 여성의 입지가 넓어졌다. 이제 인간에게 중요한 것은 힘이나 노동력이 아니다. 정보 수집과 처리가 중심이 되는 사회에서는 여성도 업무량이나 처리 속도에서 결코 남성에게 뒤지지 않는다. 오히려 섬세함이나 자상함을 발휘할 수 있는 여성들의 조건이 더 낫다.

이렇게 달라진 세상에서 우마드가 성공할 수 있는 길은 무엇일까?

우선은 여성 본연의 모습을 되찾자. 남성 중심 사회에 살면서 '이것만 바뀌면 좋겠다'는 소극적 생각이 아니라 '이것을 바꾸겠다'는 적극적 생각이 진정한 성공을 부른다. 이미 세상은 여성 사회로 가고 있다.

또 지금까지 자신을 옭아맸던 농경 정착 마인드의 낡고 찌든 옷을 훌훌 벗어버리고 유목 이동 마인드의 새옷으로 말끔히 갈아입자. 우리가 경험했듯 농경 정착 마인드는 여성을 억누르고 비하했다. 변화된 세상에서 성공하려면 여성은 이제 유목 마인드로 중무장해야 한다. 유목민의 디지털 개념, 정보와 속도를 중시하던 마음, 열린 세상을 향한 질주를 배워야 한다.

역사상 수많은 유목민이 있지만 유목 마인드를 가장 잘 알고 잘 발휘해 성공한 이들이 13세기 몽골 제국 사람들이고, 그들의 지도자가 칭기스칸이다. 그러나 유목민의 성공사(史)엔 남자만 있는 게 아니다. 그들이 제국을 세우고 유지하는 데 결정적 역할을 한 여자들이 많다. 몽골의 여자 유목민들 역시 유목 마인드, 디지털 마인드로 무장돼 있었다.

2

우마드의 힘

2002년 월드컵을 성공적으로 치러낸 뒤 우리 사회의 특징을 '신바람'이라고 표현하는 사람들이 많았다. 월드컵 4강보다 더 위대했다던 거리 응원을 생각하면 틀린 말이 아니다. 그러나 '붉은 악마'의 응원이 우리에게 낯선 경험은 아니다. 신들린 듯 즐거운 상태, 흥에 겨워 절로 어깨춤이 나는 현장은 월드컵 전에도 수없이 봐왔다. 노래방에만 가면 마이크를 놓지 않는 사람들, 관광버스가 휘청이도록 춤을 추는 행락객들, 부동산 투기 열풍에 치맛바람까지, 우리 사회는 신바람의 힘으로 굴러왔다 해도 과언이 아니다. 그 중심에 여성들이 있다.

신바람으로 사회에 역동성을 불러온 주역은 여성이었다. 세상에 피와 온기가 돌게 한 것도 여성이었다. 자유로운 정신과 따뜻한 가슴을 지닌 여성들. 한국 사회는 여성만이 바꿀 수 있다. 21세기는 그런 여성의 세기다. 여성이 스스로를 제대로 발견할 때에야 힘을 기를 수 있으며, 그 힘이 비로소 성공적인 삶을 열어 줄 것이다.

I 모임과 잡일은 홀로 서기의 출발점

한국 여성들은 유별나게 모임을 좋아한다. 무슨 무슨 계 모임부터 학부모 모임, 살 빼기 모임, 골프 모임, 여고 동창 모임, 황토방 모임까지 헤아릴 수도 없다. 여성들은 왜 모임을 좋아하는 것일까? 여성의 마음속에 자리잡고 있는 네트워크 욕구 때문이다. 여성들은 네트워크를 꿈꾼다. 서로 소통되는 사회를 바란다.

우리 사회에 네트워크가 없는 것은 아니다. 국가 행정 부처부터 작은 회사에 이르기까지 숱한 조직이 있다. 하지만 남성들의 네트워크는 스스로의 요구에서 발생한 것이 아니다. 어느 부처 공무원이어서, 어느 회사 사원이어서 속하는 네트워크는 진정한 의미의 소통 공간이 아니다. 회사 구성원이라는 명함이나 관계는 그 조직에 소속돼 있을 때만 유용할 뿐이다.

반면 여성들은 자생적인 네트워크를 수도 없이 만들어 관리한다. 대표적인 것이 동창회 모임, 아파트 부녀회, 학부모 모임들이다. 여성들이 삼삼오오 결성한 잡다한 모임이야말로 진정한 의미의 네트워크라 할 수 있다.

여성들은 왜 네트워크 사회를 바랄까. 가장 중요한 이유는 하나라도 더 알아두려는 정보 욕구다. 그들은 수많은 모임을 통해 정보를 교환하고 교양을 쌓는다.

여성들은 정보화 마인드가 유별나다. 또 실천적이고도 실제적이다. 부동산 투기 열풍을 보자. 어느 여성도 신문에 난 부동산 특집기사를 보고 땅을 사지 않는다. 스스로 구축해놓은 네트워크에서 정보를 얻고 활용한다. 자녀들의 과외 교사 하나를 선택하는 데에서도 네트워크는 최고의 정보망이 된다. 그뿐이랴. 맛있는 음식점, 건강식품, 성형수술, 미용체조, 다이어트, 자녀 혼수, 미장원, 값싸고 세련된 옷에 이르기까지 거의 모든 정보를 자신만의 네트워크에 의존한다.

인터넷을 활용해 정보를 얻거나 쇼핑을 즐기는 주부들을 일컫는 신조어가 '웹시족(族)'이다. 웹(Web)과 미시(Missy)의 합성어로, 인터넷을 통해 대부분 생활 정보를 얻는 젊은 주부들을 일컫는다. '넷시'라는 말도 있다. 인터넷(Internet)과 미시(Missy)의 합성어다. 인터넷을 알고 편리하게 활용해 의식주, 교육, 쇼핑, 여가를 즐기는 인터넷 시대의 신(新) 주부를 뜻한다.

여성들의 네트워크 욕구가 강한 이유, 모임이 많은 또 다른 이유는 모임이야말로 자신의 소외를 해소하는 공간이기 때문이다. 사람은 고립되면 죽는다. 대화를 나눌 상대가 없다거나 이웃이 없다고 상상해보라. 그 고독을 홀로 견디기란 상상조차 어렵다. 그래서 사람은 언제나 거미처럼 촘촘한 그

물망을 쳐두고 살아야 한다. 더듬이를 세운 채 어느 누구와도 연결돼 있는 사람에게 소외가 기웃거릴 틈은 없다.

소외되기 싫은 심리는 타인과 더불어 살아가려는 마음과 맞닿는다. 먼저 내 것을 내주고 나누고 베풀어야 남들도 나를 배려할 게 아닌가. 학연, 지연, 혈연으로 성벽을 쌓은, 닫힌 네트워크는 서로가 서로를 배척하고 소외시킬 뿐이다. 다행스럽게 이런 네트워크들은 새로운 네트워크가 출현하면서 자연스레 무너져가고 있다.

열린 네트워크를 만들고 가꾸면서 정보도 얻고, 인연 없던 사람들과도 더불어 살아가는 여성들, 정보화 마인드 속에서 조화와 공유의 삶을 사는 여성이라면 누구든 겁낼 것 없다. 홀로 서기가 된 마당에 누구 눈치를 보고 산단 말인가. 눈치를 보기는커녕 어디서든 남성들과 당당히 겨뤄볼 만하다. CEO도 도전해볼 수 있다. 모임이 많은 여성을 탓할 게 아니라, 모임을 많이 만들도록 권장해야 할 이유가 바로 여기에 있다.

홀로 서지 못하는 여성은 우마드가 아니다. 남편이 만들어준 '허구 네트워크' 속에서 사는 것은 종속적 삶의 연장일 뿐이다. 과장 아내로, 부장 부인으로, 상무 사모님으로 변해가는 것은 여성으로서 자기 삶을 완성해가는 과정과는 아무 상관이 없다.

몽골 중부 지방 인사말에 "촌식 야바레"라는 게 있다. 우리

말로 하면 "늑대처럼 살펴 가소서"다. 늑대처럼이라니! 온갖 감각을 동원해 주변을 살피고 경계하는 늑대와 같은 정보력을 놓지 말라는 말을 유목민은 일상 인사로 쓰고 있는 것이다. 거기엔 유목민만이 갖고 있는 정보 마인드가 배어 있다. 세상을 향해 펼쳐진 안테나처럼, 레이더처럼, 네트워크 속에서 숨쉬고 생활하는 사례일 것이다.

한국 여성들에게 모임만큼이나 많은 것이 잡일이다.
잡일은 시간을 쪼개쓰는 데서부터 시작된다. 쪼개진 시간 즉, 1분 1초의 소중함을 알려주는 사건의 주인공이 있다. 바로 러시아 문호 도스토예프스키이다. 그는 28세 때에 내란 음모 죄로 사형 선고를 받았다. 영하 50도가 되는 겨울날 형장에 끌려와 기둥에 묶였다. 사형 집행 시간을 생각하며 시계를 보니 땅 위에 살 수 있는 시간이 딱 5분 남아 있었다. 28년을 살아 왔지만 단 5분이 이리도 천금 같기는 처음이었다.
이제 5분을 어떻게 쓸까 생각해봤다. 형장에 함께 끌려온 동료들에게 마지막 인사를 한 마디씩 하는 데 2분이 걸리고, 오늘까지 살아온 인생을 생각하는 데 2분을 쓰기로 했다. 남은 1분은 오늘 이 시간까지 발 붙이고 살던 땅과 자연을 마지막으로 한 번 둘러보는 데 쓰기로 했다.
마지막 인사를 하는 데에 2분이 흘렀다. 이제 삶을 정리하자니 문득 3분 뒤엔 어디로 갈 것인가 하는 생각이 들면서 눈

앞이 캄캄하고 정신이 아찔했다. 28년 세월이 지나도록 매 순간을 아껴 쓰지 못한 것이 아프게 후회됐다. 이제 다시 한 번만 살 수 있다면 순간순간을 정말 값지게 쓰련만!

이윽고 탄환을 장전하는 소리가 들렸다. 그는 죽음의 공포에 몸을 떨었다. 바로 그때였다. 형장이 떠들썩하더니 한 병

1849년 4월, 도스토예프스키는 공상적 사회주의자 서클인 '페트라셰프스키 비밀결사'에 관련돼 체포된다. 그는 페트로 파블롭스키 감옥에 8개월 감금됐다가 사형선고를 받고, 총살 집행 직전에 황제의 특사를 받아 죽음을 모면했다. 당시의 가공할 만한 체험은 그의 『서간』, 『작가 일기』 그리고 『백치』의 주인공 미슈킨을 통해 실감나게 전해지고 있다.

『죽음의 집의 기록』은 유형지에서의 기억을 최대한 살려 쓴 수기 같은 소설이다. 발에 채워진 족쇄와 끊임없는 감시, 영하 20~30도의 추위와 만성적인 허기, 병의 만연과 처절한 고독……. 출옥 후에 쓴 『지하생활자의 수기』에서도 도스토예프스키가 경험한 '죽음의 시간'이 잘 드러난다. 이 작품의 주인공은 찌그러진 자신의 성격을 자각하면서 자신과 타인의 감정을 철저하게 파헤쳐 나간다.

표도르 미하일로비치 도스토예프스키는 1812년 10월 30일 태어났다. 『죄와 벌』, 『악령』, 『카라마조프가의 형제들』 등을 남긴 채 1881년 1월 28일, 폐동맥 파열로 사망했다.

사가 흰 수건을 흔들며 달려오고 있었다. 황제의 특사령(特赦
令)을 받아 온 병사였다.

사형수였던 도스토예프스키는 시베리아 유형 생활을 하면
서 인생에 대해 깊이 생각하게 됐다. 그러면서 마지막 5분,
그토록 절실했던 그 시간을 금쪽처럼 소중하게 아끼며 살았
다. 그는 인생을 깊게 지켜본 통찰력을 바탕으로 『죄와 벌』
『카라마조프가(家)의 형제들』 같은 불후 명작을 남겼다.

인간은 이처럼 극한 상황에 처해서도 시간을 어떻게 운영
할 것인가 고민하게 된다. 의식을 하건 하지 않건 시간으로
부터 자유로운 사람은 없다. 문제는 그것을 어떻게 받아들이
느냐다. 누구에게나 주어진 시간은 같지만 어떻게 활용하느
냐에 따라 성과는 천차만별이다.

대부분 월급쟁이 남성들에게는 시간이라는 개념이 없다.
그들은 스스로 시간을 운영하지 않는다. 시간은 회사가 갖고
있다. 출근과 퇴근 시간, 회식과 휴가 시간까지도 회사가 다
정해놓는다. 남자들이 바쁘다고 말하는 것은 여성이 바쁜 것
과는 성격이 전혀 다르다. 남성들은 조직이 정해놓은 시간대
로 움직이느라 바쁠 뿐이다.

반면 여성은 시간의 노예가 아니라 주인이다. 여성 앞에는
잡일이 산더미처럼 쌓여 있다. 설거지를 하면서 아들 책가방
을 챙겨야 하고, 출근하는 남편을 위해 넥타이를 골라야 한
다. 다리미질을 하면서도 고개를 기울여 전화기를 귀에 대고

   우마드 Womad − 여성시대의 새로운 코드

있어야 한다. 장도 봐야 하고, 시댁 식구도 챙겨야 하고, 아이들 교육도 신경써야 한다. 간신히 일을 해내고 나도 내일엔 100가지 일이 기다리고 있다. 이렇듯 바쁜 삶을 여성들은 날마다 꾸려가고 있다. 직장 여성들은 더하다. 남자들은 가사를 아내에게 맡기고 회사 일만 해도 되지만 여자들은 가사도 챙기면서 회사 일도 처리해야 한다.

여성들은 이 복잡한 일들을 어떻게 해결할 수 있을까? 탁월한 시간 관리 능력, 이른바 시(時)테크 능력을 체질적으로 타고났기 때문이다. 시간을 쪼개고 분리해 살다 보니 시간의 경영자가 되는 것이다. 일에 우선순위를 정하고 불필요한 것을 없애면서 시간을 관리한다. 매일 눈코 뜰 새 없이 바쁘지만, 매일 새로운 요리를 해내는 것이 여성의 시테크 능력이다.

시테크는 일을 성공으로 이끄는 지름길이다. 예산이나 우수한 인력을 아무리 많이 확보한들 언제 어떻게 쓸지를 모르면 구슬을 서 말이나 갖고도 꿰지 않은 것이나 다름없다.

요즘 엄마들을 ‘로드 매니저’라고 부른다. 로드 매니저는 유명 연예인들의 스케줄을 관리하는 직업인데 왜 엄마들이 로드 매니저가 됐을까? 아이들의 시간을 관리해주기 때문이다. 엄마가 핸드폰을 들고 아이들에게 전화를 건다. 전자렌지 속 햄버거는 어떻게 먹고, 몇 시에 무슨 학원을 갔다가, 어디서 학원버스를 타고 어느 학원으로 옮겼다가 집에 가서 무슨 숙제를 해라. 여성들은 자기 시간뿐 아니라 아이들 시간까지 완벽하게 조정하고 관리한다.

요즘 여성들이 선천적 시테크 능력을 한층 발전시킬 기회가 찾아왔다. 주방과 부엌 혁명이다. 요리나 설거지, 청소 기기들의 성능이 좋아져 시간을 더욱 줄일 수 있게 됐다. 밥을 짓느라 불 앞에 앉아 있지 않아도 된다. 세탁기가 빨래에 들이는 시간을 줄였고, 사 먹는 김치에 김치냉장고까지 등장해 음식 준비하는 시간이 절약됐다. 의류혁명은 여성을 재봉틀로부터 해방시켰다. 고도의 상업화와 기계화가 여성의 시테크를 업그레이드 시켰다.

그러나 진짜 기회는 여성들 스스로가 만든, 홀로서기 욕구다. 하루 단위 시간 조절부터 1년, 10년, 인생 전체를 기획하고 관리할 수 있어야 홀로 설 수 있다. 남성과 다르게 여성은 스스로 시간을 만들고 관리하지 않으면 누구도 그 일을 대신 해주지 않는다. 일에 묻혀 살기에 바쁘다. 이런 상황에서 여성이 시테크를 잘해야 하는 것은 결국 자신의 홀로서기를 위해서다.

몽골 제국을 경영했던 투르게네와 카이미쉬는 시테크와 네트워크 관리에 천부적 능력을 지녔던 유목 여성이다.

투르게네는 칭기스칸의 셋째 아들이자 몽골 제국의 두 번째 칸인 어거데이(1185~1241)의 여섯째 부인이다. 남편 어거데이는 몽골 제국의 기초를 다진 통치자다. 그는 몽골 제국의 수도 카라코룸을 건설했고 유목민의 경이로운 역사서 『몽골비사』를 완성한 칸이다.

투르게네는 남편이 죽자 1242년부터 1246년까지 몽골 제국을 섭정했다. 정권을 잡은 첫 몽골 여성이었다. 원래 그녀는 칭기스칸과 적대 관계였던 메르키르 부족의 족장 토크토아 베키의 맏며느리였다. 그러다 메르키트 부족이 칭기스칸과의 전쟁에서 패하면서 포로가 됐다. 칭기스칸은 투르게네를 셋째 아들 어거데이에게 줘 아내로 삼게 했다.

투르게네는 구육(몽골 제국의 세 번째 칸), 커턴, 쿠추, 코차르, 카다안까지 아들 다섯을 낳았다. 용감하고 정직하며 유능한 그녀는 어거데이칸의 여러 아내들 가운데서도 가장 큰 사랑을 받았다. 그녀는 어거데이칸이 말년에 술에 빠져 정사를 소홀히 하자 통치 일선에 나섰다. 회교 상인들과 교류하고 지원하며 자신의 네트워크를 구축하고 권력을 쌓았다.

1241년 12월 11일 어거데이칸이 사망했다. 사인(死因) 불명으로 기록됐지만 독살 가능성이 거론되기도 한다. 어거데이칸은 후계자에 관해 언급할 겨를도 없이 갑작스레 떠났다. 몽골 제국은 누가 후계 칸이 되느냐를 놓고 위기 국면을 맞는다.

투르게네는 영향력 있는 귀족들에게 알려 달랑 다와(70고개라는 의미)라는 지역에서 코릴타를 열어 새로운 칸 선출을 논의했다. 제국 의회 코릴타는 요즘 국회쯤 된다. 그러나 코릴타에서도 누구를 칸으로 선출할지 결정되지 않았다. 이때부터 투르게네가 국정을 장악하게 된다.

페르시아의 역사가 라시드 앗 딘이 주도해 편찬한 『집사(集史)』는 이렇게 기록하고 있다. “투르게네가 교묘한 수법을 써서 황금씨족의 허락 없이 멋대로 국권을 취했다. 그녀는 많은 선물과 상품으로 친척과 귀족들 마음을 끌어당겼기에 모두들 그녀 쪽을 향해 다가서게 됐다.” 그러나 이를 뒤집어 해석해보면 투르게네의 인력과 조직관리 능력이 뛰어났음을 말해준다.

섭정은 4년 동안 계속됐다. 그녀는 모든 수단을 동원해 자기 뜻대로 국정을 개혁해 나갔다. 그녀의 행로에 야율초재가 방해되자 그의 직위를 박탈했다. 야율초재는 거란 사람으로 칭기스칸과 어거데이칸 시대에 최고 재상을 지낸 사람이다. 투르게네는 그러나 그가 유목민 사고보다 농경민 사고를 지녔다고 판단해 숙청했다. 대신(大臣) 친카이와 마흐무드도 면직했고, 이슬람교도인 압둘 라흐만을 수석 비서관에 기용했다. 이같은 인적 쇄신은 국가 통치권을 완전 장악하는 과정이자 훗날 칸에 앉게 될 큰아들 구육에게 힘을 실어주려는 조치였다.

그러나 몽골의 국정을 거머쥐고 세계를 호령했던 이 여장부 역시 오래지 않아 돌연사했다. 투르게네는 칭기스칸 가문

 우마드 Womad - 여성시대의 새로운 코드

인 황금씨족 내부의 분열과 위기를 해결하기 위해 누구와도 무섭게 싸운 강인한 황후이자, 칸의 정치적 최측근으로 평가받는다. 조직력이 뛰어난 여자이며 매우 영리하고 엄격해 명예를 중시했다는 평가도 남겼다.

또 한 여인, 오골 카이미쉬는 투르게네의 며느리이자 구육칸의 아내다. 그녀는 오이라트 부족의 족장 코토코 베키의 딸로 구육칸의 첫째 부인이 됐다. 구육칸이 죽자 멍케칸이 후계 칸에 앉기 전인 1248년부터 1251년까지 정권을 잡았다.

구육칸은 즉위 2년 만에 죽었지만 할아버지 칭기스칸과 아버지 어거데이칸의 국가경영 이념을 충실히 실천하고 몽골 제국의 유목성을 유지하느라 갖은 노력을 기울였다고 기록된다. 그가 죽은 뒤 칭기스칸 네 아들의 자손들은 두 패로 갈렸다. 첫째 조치와 넷째 톨로이 가문이 한쪽에, 둘째 차가타이와 셋째 어거데이 가문이 반대쪽에 서서 권력투쟁을 벌였다. 이 극심한 혼돈 속에서 카이미쉬는 제국 경영을 책임지게 된다. 몽골 역사는 카이미쉬를 '정직의 수호자, 악심을 품지 않으며 정의를 위해 노력하는 여성'이라 기록하고 있다.

그녀는 불법 행위를 혐오했고 뒤에서 음모를 꾸미는 것을 증오했다. 특히 제국에 균열이 생겨 몽골의 단결이 약해지는 것을 극도로 경계했다. 그녀는 어거데이 가문에서 칸위를 이어가도록 총력을 기울였지만 결국 바투(칭기스칸의 큰아들 조치의 차남, 킵차크칸국의 지도자)와 멍케(칭기스칸의 막내아들 톨로이의 장남, 몽골 제국의 4대 칸)가 이끄는 연합군에 패했다. 카이미쉬는 멍케 측에 대권을 넘겨줄 수밖에 없었다.

투르게네와 카이미쉬, 두 여성이 제국을 경영하던 시절엔 정치 상황이 매우 불안정했다. 경제적 사회적으로도 바람 잘 날이 없었다. 지배층은 권력 투쟁을 일삼았고 백성은 무기력하게 연명해야 했다. 이런 혼란 속에서도 투르게네와 카이미쉬는 헝가리 초원부터 중국에 이르는 거대한 제국을 다스렸다. 그들의 성공에 조직과 네트워크 관리, 시간 관리가 철저히 투여되었음은 어렵지 않게 짐작할 수 있다. 가정 잡사도 힘겨운 판에 권력 공백기의 국가를 경영한다는 것이 쉬운 일은 아니다. 유럽에도 여왕은 있었다. 그러나 제도화된 틀 속에서 왕에 취임하는 것과 권력 투쟁기에 정권을 쟁취하는 것은 천양지차이다. 투르게네와 카이미쉬가 유라시아 대륙을 손아귀에 넣었던 힘의 근원에 네트워크 관리와 시테크가 있다. 우리 여성들도 가정에서 매일 일어나고 있는 모임과 잡사를 기쁘게 생각하고, 더 열심히 해나간다면 퍼스트레이디뿐 아니라 여성 대통령도 될 수 있다.

오늘날 몽골 여성들의 삶은 어떨까?

물론 그들도 바쁘다. 다만 지금 우리처럼 급변하는 사회에 적응하기 위해 바쁜 것은 아니다. 수천 년 전부터 이어온 유목적 삶이 남녀의 일을 정확하게 안배하고 있다.

아침에 일어나면 가장 먼저 겔의 지붕을 연다. 겔 중앙에 환풍구 역할을 하는 큰 구멍(터넛)이 있고 방한을 위해 천을 덮어 둔다. '우르흐'를 연다고 하는데, 이는 그 집이 깨어나 있다는 신호다. 사람이 죽거나 불행한 일이 있을 때를 제외하고는 거르지 않는 일이다. 이는 언제나 여성의 몫이다.

다음에는 젖을 짜야 한다. 몽골인은 주로 말, 소, 양, 염소, 낙타를 기른다. 그 중에서 말을 가장 아낀다. 말은 운송 수단이자 젖을 주는 생산자이며, 그 자체로 재산 가치를 지닌다. 소는 치즈용 젖을 짜려고, 양과 염소는 식용과 털을 위해 기른다. 낙타는 이사할 때 운송 수단으로 쓰고 털을 활용하기 위해 고비사막 일대에서 사육한다.

젖을 짜고 나면 차를 끓인다. 맨 처음 끓인 하얀 차는 하늘과 땅, 국가를 향해 뿌린다. 이때쯤 가족이 일어나고 따뜻한 차를 나눠 마시는 것으로 가족의 하루가 시작된다. 해 뜰 무렵 여성은 나무나 소와 말의 배설물을 태워 아침 식사를 준비한다. 나무가 많아 나무를 연료로 쓰는 동(東)몽골을 제외하곤 대개 소나 말의 배설물을 말려 쓴다. 딱딱하게 굳은 배설물은 빨리 타긴 해도 화력이 나무보다 월등히 좋다.

식사 후엔 치즈나 마유주(馬乳酒)를 만든다. 몽골에는 10가지가 넘는 치즈가 있다. 대개 소젖으로 만들고, 제조 과정에 따라 제품과 등급이 나뉜다. 아이락이라 불리는 마유주는 말 젖을 발효시켜 만든다. 가죽 부대에 말 젖을 넣고 긴 막대기로 5천 번에서 1만 번을 저어야 술이 된다. 발효 과정에서 알코올이 나와 알코올 도수 3~4도쯤 되는 막걸리 비슷한 술이 만들어진다.

말을 타고 나가 양과 염소가 풀을 뜯게 하는 일도 여자 몫이다. 남자는 말과 소를 관리하는 사람이니 작은 가축은 여자와 아이들이 길러야 한다. 틈날 때마다 양털을 두드려 겔에 씌울 두꺼운 천(펠트)도 만들어야 한다. 펠트는 방한과 통풍을 두루 해내는 소재다. 양털을 깎아 풀고 두드리고 다시 다독이는 과정이 만만치 않다.

남자는 바깥일을 한다. 주로 말과 소를 돌본다. 가끔 말 도둑이 들거나 고삐가 풀려 말이 도망가는 경우에도 남자가 나서서 찾아야 한다. 그러자면 남자가 여러 날 집을 비우게 된다. 바깥소식을 가져오는 것도 남자가 하는 일 가운데 중요한 부분이다. 몽골을 소개하는 책자에는 남자들이 여름만 되면 마유주에 취해 시간을 허송한다는 대목들이 있다. 하지만 거기엔 남자가 바깥 정보를 얻는 역할을 강조하는 의미가 담겨 있다.

수다가 전문가를 만든다

'계집 웃음소리가 담장을 넘으면 집안이 망한다'는 속말처럼 한국 사회는 수다를 악(惡)으로 여겨왔다. '셋만 모여도 접시가 깨진다'는 말도 있다. 그러나 그 수다로 비하되는 여성들의 말과 이야기 속에 한국 여성의 위대한 힘이 숨어 있다.

생각해보자. 말이 말 같지 않으면 누가 들어주겠는가? 몇 시간을 들어도 자기에게 하등 도움이 되지 않는다면 그걸 참아낼 사람은 없다. 누군가 들어주지 않는 말은 말이 아니다. 듣는 이가 귀 기울이지 않으면 말하는 이도 신이 나질 않는다. 애당초 수다가 될 수 없다.

듣는 이에게 유익한 얘기를 담아야 끊임없이 수다를 떨 수 있다. 듣는 사람도 유익한 정보 때문에 수다에 열심히 귀를 기울인다. 수다의 첫 번째 힘은 유익성, 즉 정보다.

또한 수다는 논리적이어야 한다. 말을 논리적으로 펼치는 사람만이 수다왕이 될 수 있다. 강남 아파트 시세를 말하다 갑자기 백화점 세일 이야기를 해서는 듣는 사람이 종잡을 수 없다. 자기가 하고 싶은 말의 선후 좌우 관계를 정확히 꿰뚫는 사람, 논리적인 사람이 진짜 수다를 펼칠 수 있다.

수다는 재미있어야 한다. 듣는 사람을 웃기고 울릴 수 있어야 한다. 사람들이 눈을 빛내며 맞장구를 쳐 올 때라야 몇 시간이고 수다를 떨 수 있다.

그러니 여성들이 수다스럽다고 염려할 필요는 없다. 풍부한 정보를 바탕으로 논리적이고 재미있게 말을 하는 수다는 여성을 전문가로 만들어주는 지름길이다. 말 많은 사람은 그만큼 아는 것도 많다. 정보가 많다는 얘기다. 어느 자리든 자기가 잘 아는 주제로 이야기가 진행될 때 수다는 더욱 잘 된다. 모르는 문제를 놓고 몇 시간씩 수다를 펼칠 수 있는 사람은 없다.

그래서 수다를 어떻게 준비하고 표현하느냐가 매우 중요하다. 인터넷 검색을 통해서든, 신문이나 방송을 보든, 주변 사람에게 얻어 듣든 많은 정보를 가지고 있어야 한다. 특정 분야 전문가일수록 수다를 잘 떤다. 예전의 수다왕이 제너럴리스트(generalist)였다면 현대의 수다왕은 스페셜리스트(specialist)들이다. 전문적 지식을 말할 수 있어야 한다. 이는 비슷한 수준의 학습 능력을 가진 초·중·고생 또래의 어머니 모임을 보면 쉽게 이해할 수 있다. 치열한 '학습 정보전'에서 살아남은 어머니들끼리는 만나면 즐겁다. 그들은 겉으론 수다를 떠는 것처럼 보이지만 실은 서로에게 도움이 되는 전문적 정보를 주고받는다. 이들에게는 남편의 직업이나, 사는 집의 평수는 그리 중요하지 않다. 오직 자식 교육을 위한 전문적 정보의 교환이 우선이다.

마지막으로, 수다는 우아하고 격조 있게 펼쳐야 한다. 사람
들에게 필요한 지식과 정보를 가장 논리적이고 감동적인 방
법으로 재미있게 풀어놓을 수 있어야 한다. 우아한 수다는
여성 스스로를 빛나게 한다.

 칭기스칸의 어머니 허엘룬은 기품 있으면서도 살을 에듯
모진 말을 잘했다. 허엘룬은 옹기라트족 여자였다. 대대로
옹기라트족은 여자를 아름답게 키워 다른 부족에 결혼시킴
으로써 부족의 생존을 유지했다. 좋은 가문과 빼어난 미모
덕분에 청혼이 끊이지 않던 허엘룬이 몽골 부족과 적대적인
메르키트 부족의 족장 토크토아 베키의 4촌 동생 칠레두와
정혼했다.
 칠레두와 함께 신혼집으로 가던 허엘룬은 오논강(江) 변에
서 몽골족 사내에게 납치당한다. 칭기스칸의 아버지 예수게
이였다. 몸이 허약한 칠레두는 호박색 말을 타고 도망쳤다.
잠시 후 허엘룬을 구하러 칠레두가 다시 나타났지만 그녀는
이미 체념한 뒤였다. 허엘룬은 칠레두에게 자기를 버리고 달
아나라고 부탁했다. 저고리를 벗어 칠레두에게 건넸을 뿐이
었다. 예수게이를 비롯한 세 명의 약탈자가 닥쳐오자 칠레두
는 달아나버렸다.

내 사랑 칠레두는

바람을 거슬러

머리칼을 흩뜨린 적도 없고

거친 들에서

배를 주린 적도 없는데

지금은 어찌하여

두 갈래 머리채를

한 번은 등 뒤로

한 번은 가슴 앞으로

날리며 가는가!

허엘룬은 고결한 이별사를 던지며 남편을 떠나보냈다. 수다치고는 참으로 아름답고 비장한 말이다. 그러나 그녀는 슬퍼할 뿐 좌절하지 않는다.

허엘룬은 정치적 야망에 불타는 예수게이와 살게 된다. 새 남편은 전장에 나가 싸우느라 바빴다. 예수게이가 타타르족을 침공하고 돌아오던 날, 허엘룬은 첫째 아들을 낳았다. 예수게이는 그가 잡아온 타타르 장군 테무진 우게의 이름을 따서 아들을 테무진이라고 불렀다. 이 아이가 세계를 제패했던 칭기스칸이다.

행복은 오래가지 못했다. 예수게이가 타타르족에게 독살된 것이다. 초원에 홀로 남겨진 가족을 돌보는 짐이 고스란히 허엘룬에게 얹혔다. 예수게이가 남기고 간 것이라곤 어린 자식들 말고 아무것도 없었다. 허엘룬은 모자를 단단히 눌러쓰고 허리띠를 바싹 졸라맸다. 그녀는 여장부가 됐다. 머루, 부추, 달래로 아이들을 키웠다. 산나물로 굶주림을 달랬다. 육식을 하는 유목민에게 물고기와 풀뿌리를 먹는 것은 치욕이었다. 아들들이 자라면서 어머니를 위해 낚시도 하고 기러기도 사냥했지만 식량은 언제나 부족했다.

하루는 테무진이 동생 카사르와 함께 이복형 벡테르를 활로 쏘아 죽였다. 벡테르가 사냥한 물고기와 짐승을 가로채 친어머니에게만 주는 이기심을 드러냈기 때문이다. 온 가족의 단합이 절실한 상황에서 가족 관계를 무너뜨릴 수 있는 배신행위였다. 어린 나이였지만 테무진은 대(大)를 위해 소(小)를 도려내야 한다고 생각했다.

테무진의 이복형 살해 사건, 이는 훗날 칭기스칸이 되는 어린 씨앗이 보인 최초의 정치적 행동이었다. 편 가르기 하는 자는 죽어서라도 없애겠다는 의지를 보인 것이다. 하지만 어머니 허엘룬의 생각은 달랐다. 벡테르의 행동에 문제가 있지만, 그것을 살인으로 해결한 것은 용서할 수 없었다. 분노에 찬 어머니는 아들들을 향해 피맺힌 절규를 쏟아 붓는다.

구제불능 망종(亡種)들!

너는 내 음부에서 기세 좋게 나올 때

손에 검은 핏덩이를 움켜쥐고 태어났다.

너희들은

자기의 태반을 물어뜯는 맹견처럼

바위에 돌진하는 산고양이처럼

스스로 분노를 억누르지 못하는 사자처럼

살아 있는 것을 통째로 삼기는 이무기처럼

자기 그림자를 보고 달려드는 송골매처럼

소리 없이 집어삼키는 식인어(食人魚)처럼

어린 새끼의 뒷다리를 물어뜯는 수낙타처럼

눈보라 속에서 먹이를 찾아 헤매는 늑대처럼

날지 못하는 어린 새끼들을 잡아먹는 오리처럼

보금자리를 건드리면 무리 지어 덤비는 승냥이처럼

순식간에 덮치는 호랑이처럼

미친 듯 날뛰며 공격하는 개처럼

그렇게 벡테르를 죽였다.

그림자 말고는 친구가 없고

꼬리밖에는 채찍이 없는 이때에

타이치오트 씨족의 형제들이 준 고통이 끝나지도 않은 이때에

복수를 누가 할 것인가라고 말하고 있는 이때에

너희들은 어떻게 이런 일을 저질렀단 말인가.

아! 하늘이여!

도대체 내가 어떻게 살아야 한다는 말인가!

얼마나 우아하면서도 날카로운 말인가. 극한 상황에서도 이렇듯 세련된 말, 비수처럼 날카로우면서도 정확한 말이 감동을 줄 수 있다. 이것이 진짜 수다다. 아름다운 수다는 사람의 마음을 움직인다. 감성은 이성을 움직이는 힘이다. 여성의 수다는 그렇게 큰 힘을 가지고 있다.

수다는 여성을 전문가로 만든다. 그 전문가의 힘을 바탕으로 여성은 홀로 설 수 있고 성공을 이루게 된다. 수다를 위해 정보를 얻고 축적함으로써 아버지에게서, 남편에게서, 자식에게서 홀로 서게 된다.

친정 재산이 많아야, 좋은 학교를 나와야 홀로 설 수 있다는 얘기는 이류 인생들이나 하는 말이다. 여성의 홀로 서기는 말과 토론을 잘하고 전문성을 지닌 수다쟁이가 될 때 가능하다. 아는 것이 있어야 떠든다. 지식 정보의 프로페셔널이 돼야 한다.

1207년 칭기스칸은 딸 알라카 베키를 엉구트 부족의 족장 아들 보얀쉬반에게 시집보내면서 여성의 주인된 삶을 역설한다.

도약할 때는 발이 되고

구부러질 때는 가지가 되고

미끄러질 때는 철편이 되어

뜨거운 도움을 보낼 것을

사랑하는 알라카 베키는 알거라

네 몸은 부서지지만

고귀한 이름은 영원하다

큰 생각보다 더 훌륭한 동지는 없고

우둔한 생각보다 더 나쁜 적은 없다

고귀한 믿음은 많으나

네 몸은 무엇보다 믿음을 지니며

사랑할 것은 많으나

뜨거운 목숨을 무엇보다 아끼며

굳건히 나아가면 모든 것에 도움이 있으며

정결하게 나아가면 모든 것에 이득이 있으며…

3 질투와 허영심은 노블레스로 가는 힘

여성에게 붙은 오명(汚名) 중에 '질투의 화신'이라는 말이 있다. 사치를 즐기고 허영심이 강하다는 말도 있다. 여성 입장에선 너무나 편파적인 표현이고 듣기 거북한 얘기들이다. 이런 말들은 어쩌면 남성이 만든 덫일지 모른다. 남존여비 시대의 이 이미지 조작에는 여성을 지배하려는 의도가 노골적으로 드러나 보인다.

하지만 다시 생각해보자. 이 말이 정말 나쁜 말일까? 고고한 신앙 세계라면 몰라도 상식의 세계, 보통 사람들의 세상에서 질투와 허영심은 사람을 발전시키는 원동력이다. 자식이 좋은 대학을 들어가면 어느 부모든 기뻐하게 마련이다. 질투와 허영심은 천박한 인간을 만드는 게 아니다. 그런 자기발전의 동기가 있어야 노블레스(Noblesse, 고귀한 신분)에 오를 수 있다.

우리나라 여성 통계 중 썩 즐겁지 못한 기록이 있다. 기혼 여성 한 사람의 평균 출산율이 1.17명(2003년 10월)이다. 그 중 40%는 제왕절개 수술로 아이를 낳는다. 이를 두고 "불과 30년 전 어머니들은 평균 5.7명꼴로 출산했다. 지금의 출산

율 저하는 여성들의 이기심 탓"이라고 비판하는 사람들이 있다. 제왕절개 비율에 대해서도 같은 지적을 한다. 하지만 이런 현상은 여성들이 자고 나면 바뀌는 사회에서 살아남기 위한 처절한 투쟁이라 할 수 있다. 좀 더 윤택한 삶을 꾸리기 위한 여성의 도전과 맞닿아 있는 현상이다. 여성도 야망이 있고 꿈이 있다.

질투와 허영심의 극대화는 신분 상승으로 연결될 수 있다. 주변 사회 환경이 어떠냐에 달라지기도 하지만, 언제나 핵심은 스스로 얼마나 준비하느냐에 있다. 질투와 허영심을 자기 발전으로 승화시키는 것도 사람이 하는 일이다.

이번엔 고려의 한 기구한 여성을 만나보자. 몽골 유목민이 중국에 세운 제국 원(元)나라에 한 고려 여인이 공녀(貢女)로 팔려갔다. 고려인 기자오(奇子敖)의 이 막내딸이 공녀로 결정되자 많은 사람들은 그녀의 비참한 인생길을 동정했다. 당시 상황을 목은(牧隱) 이색(李穡)은 "공녀로 선발되면 우물에 빠져 죽는 사람도 있고 목을 매 죽는 사람도 있다"고 안타까워했다.

하지만 그녀는 달랐다. 기왕에 공녀로 뽑힌 이상, 이를 새로운 인생의 계기로 삼겠다고 작심했다. "세계를 지배하는 원나라이니 더 많은 기회가 있으리라."

소녀 기씨는 황제 순제(토곤 테무르칸, 1320~1370)에게 다과

상을 바치는 궁녀로 출발했다. 그녀는 곧 순제를 사로잡았다. 『원사(元史) 후비열전』은 "순제를 모시면서 비(妃, 기씨)의 천성이 총명해 갈수록 총애를 받았다"고 기록한다. 여기엔 고려에 대한 순제의 남다른 추억도 작용했다. 명종의 장자로 황태자였던 순제는 11살 때인 1330년 7월, 원 황실 내부의 권력투쟁에서 패해 인천 서쪽 대청도에 유배된다. 1년 5개월을 대청도에서 보낸 그는 원나라로 돌아간 2년 뒤 황제에 즉위한다. 세계 제국의 후계자였다가 졸지에 고려의 작은 섬에 유배됐던 기억은 어려운 시절에 대한 향수와 어우러져 기씨에 대한 호감으로 발전했다.

기씨는 순제를 통해 자기 뜻을 펼치기로 마음먹었다. 하지만 기씨는 큰 시련에 부딪쳤다. 황후 타나시리의 질투였다. 타나시리는 대신(大臣) 엔 테무르의 딸이었다. 순제의 아버지 문종의 옹립에 큰 역할을 한 두 대신이 바얀과 킵차크 출신 엔 테무르였다. 순제는 등극 후 엔 테무르의 딸인 타나시리를 황후로 삼았다. 그녀는 채찍으로 기씨를 매질할 정도로 질투가 심했다. 야사에는 인두로 몸을 지지기까지 했다고 적고 있다. 그러나 기씨는 이를 악물고 순제를 내세워 타나시리와 싸웠다. 1335년 원 황실에 커다란 정변이 일어난다. 타나시리 황후의 형제들이 모반한 데에 황후도 연루됐다는 이유로 사약을 받는다.

순제는 기씨를 황후 자리에 앉히려 했다. 그러자 제국의 또 다른 실권자 바얀이 극력 반대했다. 관직 이름만 246자에 이르렀던 바얀은 사실상 순제를 능가하는 실력자였다. 몽골족은 칭기스칸 이래 옹기라트 가문에서 황후를 맞아들이는 전통이 있었다. 이에 따라 순제 5년(1337) 황실 전통에 따라 옹기라트 가문의 빠앤후두가 황후가 됐다.

기씨는 바얀까지 내쫓기로 결심했다. 1339년 순제의 아들 아유시리다라를 낳자 그녀의 입지는 더욱 확고해졌다. 기씨의 조종을 받은 순제는 스승 샤라빤과 손잡고 바얀을 축출한다. 그녀는 드디어 세계를 지배하는 원제국의 제2 황후가 됐다. 기씨가 고려 출신들을 주축으로 철저하게 현지화 전략을 펼친 것이 주효했다.

『원사(元史)』는 그녀가 시간이 나면 『여효경』과 『사서』를 보며 역대 황후들의 덕행을 공부하고, 맛있는 음식이 생기면 먼저 칭기스칸을 모신 태묘(太廟)에 바친 뒤에야 먹었다고 기록하고 있다. 그만큼 정치적 센스가 넘치는 여자였다.

기황후가 25년간 제2 황후의 자리에 머무는 동안 그 위세가 정후(正后) 빠앤후두를 능가했다. 1365년 빠앤후두가 세상을 뜨자 기황후는 정후(正后) 자리에 오른다. "몽골족이 아니면 황후 자리에 오를 수 없다"는 몽골 사회의 규칙을 깬 일대 파격적인 사건이었다. 그녀는 흥성궁(興聖宮, 지금의 베이징 중남해 자리)에 살면서 황후 부속 기관인 휘정원을 자정원(資政院)으로 개편했다. 그리고 심복 고용보를 초대 자정원사

(資政院使)에 임명했다. 기황후를 추종하는 고려 출신 환관들은 물론, 몽골 출신 고위관리들도 가담해 '자정원당'이라는 강력한 정치세력이 형성됐다. 이 세력은 기황후가 정치 투쟁에서 두각을 낼 수 있게 경제적 뒷받침도 해줬다.

기황후는 1353년 14살 난 아들 아유시리다라를 황태자로 책봉하는 데 성공해 안정적인 권력 경영 기반을 구축했다. 고려 출신 환관 박불화를 추밀원 동지추밀원사(同知樞密院事)에 기용해 군권(軍權)까지 장악했다.

공녀였던 기씨는 힘없는 백성들의 고초를 잘 알았다. 그래서 그녀는 장악한 권력을 쓰는 데에서도 넓은 포용력과 정치 감각을 발휘했다. 순제보다 월등하게 높은 식견을 지녔던 기황후는 나라를 안정시킬 방도를 고민했고 재상들을 적재적소에 앉혀 국가를 경영했다.

정치가로서 기황후의 면모를 가장 잘 보여준 사건은 대도

기황후의 대기근 구제 기록은 『元史 后妃列傳』에 남아 있다. 『원사 후비열전』 114절의 원문은 이렇다.

完者忽都皇后奇氏, 高麗人, 生皇太子愛猷識理達臘……至正十八年(1358년), 京城大饑, 后命官爲粥食之. 又出金銀粟帛, 命資正院使朴不花于京都十一門置冢, 葬死者遺骸十余萬, 復命僧建水陸大會度之.

(베이징)의 기근 구제였다. 원나라 말년 큰 기근이 들어 수도 안에서만 20만이 굶어 죽었다. 이에 자정원은 기황후 이름으로 돈을 내 거리에 대대적인 구호사업을 펼쳤다. 또한 나뒹구는 시체들을 성문 밖으로 옮겨 묻어주었다. 충렬왕 이후 80년 넘게 계속되던 공녀 징발을 금하는 법령이 내려진 것도 기황후 때다.

『원사』는 순제가 "정사에 태만했다"고 기록한다. 기황후는 무능한 남편을 몰아내고 아들을 즉위시켜 위기를 돌파하려 했다. 기황후의 밀명을 받은 자정원사 박불화가 양위(讓位)를 추진하자 순제는 거칠게 반발했다. 순제는 무능하고 게을렀지만 최고경영자 자리를 내놓을 생각은 없었다. 그는 황태자에게 중서령추밀사(中書令樞密使)의 직책과 함께 군사권을 주는 것으로 타협했다.

이는 기황후의 실수였다. 당시 원나라가 살아남을 수 있는 마지막 선택은 세대교체와 과감한 구조조정뿐이었다. 자기 개혁에 실패한 원나라는 급속히 약화돼 1366년 명나라 주원장에게 몽골고원으로 쫓겨나야 했다.

기황후에 대한 평가는 매우 대조적이다. 우선 최악의 조건에서 최대의 성공을 이룬 입지전적 인물이라는 평가가 있다. 그 반대편엔 지나치게 권력 지향적인 여자라는 비판도 있다. 그녀는 주변의 고려 출신 미녀들을 미끼로 내세워 반대 세력 쪽 대신들을 섹스 스캔들로 얽어맬 정도였다. 과정이 어쨌건 지금 몽골인들은 이 여인을 잊지 않는다. 기황후는 칭기스칸의 적통(嫡統)을 이은 황제 아유시리다라를 낳은 어머니이기 때문이다.

원제국이 몽골로 쫓겨 간 뒤 공녀 출신으로 황후에 오른 기씨 소녀의 '몽골리안 드림(Mongolian dream)'도 초원의 바람 속에 사라졌다. 몽골에 간 고려 여인으로 비빈(妃嬪)이나 황후 반열에 오른 이들 가운데 기황후의 가계(家系)가 가장 보잘것 없었다. 그 밑바닥 삶의 질투와 허영심에서 출발한 그녀의 굴하지 않는 정신은 두고두고 음미해볼 만하다.

몽골 사람들은 전통적으로 풍장(風葬)과 봉분 없는 매장(埋葬)으로 장례를 치른다. 끝없이 넓은 초원에 시신을 버려두는 풍장이나, 봉분을 만들지 않는 매장을 하고 나면 부모가 묻힌 곳을 다시 찾기가 정말 쉽지 않다. 그래서 몽골인들은 기발한 방법을 착안해냈다. 매장하기에 앞서 어미 낙타와 새끼 낙타를 끌고 가 묘 자리 옆에서 새끼를 죽인다. 어미 낙타는 나중에 새끼가 죽은 장소를 알아차리고 그 자리에서 슬피 울기 때문에 어미만 따라가면 언제든 묘를 찾아 낼 수 있다.

이런 몽골인들이 새끼 있는 동물, 특히 어미를 도살해야 할 때 가장 슬퍼한다는 것은 역설적이다. 어미에게서 떨어지지 않으려는 송아지를 떼어 놓고 암소를 잡아야 할 때, 사람들은 너무 애달파한다. 모성애를 단절시켜야 하기 때문이다. 신이 준 가장 값지고 아름다운 선물인 모성애가 짐승이라고 다를 게 있겠는가.

모성애는 자식을 사랑하는 마음, 더 넓게는 사람을 사랑하는 마음이다. 힘없고 약한 자를 감싸고 돌보는 마음이며, 다른 사람을 껴안을 수 있는 마음이다. 세상에 피와 온기가 돌게 하는 힘이기도 하다.

여성들이 본능적으로 지니는 모성애는 남성이 가진 근육의 힘이나 그 어떤 제도보다 값 비싼 자산이다. 정보화 사회, 디지털 사회에서는 더욱 더 중요한 가치다. 강압적이거나 카리스마 넘치는 리더보다 더 뛰어난 지도자가 사랑으로 포용하는 리더이듯, 모성애는 현대 사회에서 성공을 일궈내는 최고 조건이다.

칭기스칸은 셋째 아들 어거데이를 후계자로 지명하면서 아들들을 이렇게 평가했다.

차가타이(둘째)는 군대를 아끼지만 교만하고 호전적이다. 톨로이(넷째)는 훌륭한 전사지만 인색하고 잔인하다. 어거데이(셋째)는 어려서부터 남에게 잘 베풀고 도량이 넓다. 누구든 부귀를 찾으려면 어거데이에게 가라.

아들들의 시대는 전쟁이 아닌 평화의 시대가 돼야 한다고 칭기스칸은 판단했다. 그런 시대의 지도자는 덕을 갖추는 것이 무엇보다 중요하다. 시대가 바뀌면 필요한 리더의 덕목도 달라진다. 마찬가지로 산업사회의 CEO와 디지털 사회의 CEO는 달라야 한다. 칭기스칸이 어거데이를 후계자로 낙점한 배경이 여기에 있다. 덕이란 넓고 따뜻한 마음, 타인을 포용할 수 있는 열린 사고를 말한다. 이런 특징들이 남성보다 여성들에게서 잘 드러난다는 점은 의심할 여지가 없다.

　모성애의 극치를 보여준 몽골 여성 두 사람이 있다.

　첫 번째는 민족을 살리는 사랑, 만두하이이다. 만두하이는 기황후가 사망한 100년쯤 뒤 몽골 고원을 통치했다. 원나라의 마지막 칸 순제가 명(明) 주원장에게 쫓겨 몽골 고원으로 돌아온 뒤 몽골은 동서로 분열됐다. 서(西)몽골은 새로운 칸을 내세워 명맥을 유지했다. 그들은 칭기스칸의 직계가 아닌 탓에 몽골 제국 시절부터 큰 혜택을 받지 못했다. 제국으로부터 버려졌다는 사실이 그들의 생명력을 길러줬을 것이다.

　칭기스칸의 직계 후손인 동(東)몽골 사람들은 분열과 내전으로 100여 년을 보냈다. 1477년 동몽골의 칸 만두굴이 조카 볼후 지농에게 살해된다. 만두굴이 남긴 31세의 과부가 만두하이다. 볼후 지농 또한 칸이 되기 직전 죽임을 당한다. 칭기스칸 씨족 가운데 남은 사람은 다섯 살 된 볼후 지농의 아들 다얀(바투 멍케 다얀)뿐이었다. 남편을 죽인 원수의 혈육, 그러나 재혼한 엄마로부터도 버림받은 어린 아이를 젊은 과부 만두하이가 데려와 기른다.

　과부 만두하이에게는 사랑하는 남자 운볼도트가 있었다. 그러나 이 남자는 칭기스칸의 적통(嫡統)이 아니었다. 만두하이는 사랑을 포기하고 몽골족의 중흥을 택한다. 만두하이는 동몽골 군대를 지휘해 서몽골과의 전쟁을 승리로 이끌었고, 1481년에는 26살 연하이자 불과 아홉 살밖에 안 된 다얀과 결혼한다. 이후 계속된 동서 전쟁에서 승리를 거듭하면서 그녀의 섭정 기간과 남편 다얀칸이 성장해 통치한 기간 동안 동몽골은 크게 부흥한다.

당시 몽골은 동서 분열뿐 아니라 유럽 지역 킵차크칸국에 이르기까지 산산이 쪼개지고 있었다. 만두하이는 기울어가는 몽골 제국을 되살리기 위해 한 여인으로서의 행복을 포기했다. 그녀 덕분에 몽골은 70년 동안이나 통일국가를 유지할 수 있었다.

몽골의 지금 수도 울란바타르 서쪽 270km 지점에 엘슨 타스라하라는 곳이 있다. '모래 언덕의 끝자락'이라는 뜻으로, 남고비 홍고린 엘스에서 시작된 모래 산맥이 거기서 끝난다. 이곳에 만두하이 기념비가 서 있다. 기념비에는 "만두하이가 이 땅을 다스렸을 때, 팔은 오른쪽에 두고 다리는 왼쪽에 둘 수 있었다"라고 쓰여 있다. 이 몽골 속담처럼 몽골인들은 팔을 오른쪽에, 다리를 왼쪽에 둔 자세를 가장 편안하게 여긴다. 우리 식으로 말하면 팔을 괴고 옆으로 누워있는 모습이다. 지금도 초원을 여행하다 보면 이런 자세로 누워 있는 유목민들을 쉽게 만난다.

만두하이는 세 차례 출산에서 모두 쌍둥이를 낳았다. 만삭의 몸으로 전장의 맨 선봉에서 싸우기도 했다. 서몽골과의 전쟁을 승리로 이끈 날 아이를 낳아, 출산까지 정신력으로 조절한다는 칭송을 받았다. 이 여장부를 몽골인들은 '여자 칭기스칸'이라고 불렀다. 지금도 씩씩한 여자 아이를 보면 몽골 사람들은 '만두하이'라고 부른다. 모성애는 내 가족 내 자식만을 생각하는 데서 멈추지 않는다. 만두하이는 모성애를 나라와 민족 사랑으로 승화시킨 여인이었다.

몽골의 전설적인 어머니를 통해 우리는 모성애의 또 다른 극치를 만날 수 있다. 화합과 조화만이 진정한 사랑임을 보여준 여인, 알랑 고아가 그 주인공이다. 몽골 신화의 뿌리를 이룬 여인이지만, 알랑 고아가 반드시 신화의 세계에만 머물지는 않는다.

칭기스칸이 태어나기 300년 전인 9세기, '아릭 우순' 지역에서 자란 알랑 고아가 몽골인들의 신성한 산(靈山)인 보르칸 산에 모습을 드러냈다. 몽골 북방 초원에 몽골족이 역사에 첫 모습을 드러내는 순간이다. 당시 보르칸산에는 '잿빛 푸른 이리'로 불린 버르테 치노와 '흰 암사슴' 코아이 마랄이 바이칼호를 건너 와 일가를 이룬 이래 후손들이 살았다. 이 풍요로운 곳을 버르테 치노의 10대 손 토로골진이 다스리고 있었다. 토로골진의 아버지는 보르지기다이, 어머니는 몽골진 고아였다. 아버지 보르지기다이는 칭기스칸 가계(家系)를 뜻하는 '황금씨족'의 발원지인 보르지긴 씨족의 시조(始祖)이다. 또한 어머니는 몽골이라는 나라 이름을 길이 남기게

되는 여인이다.

토로골진에게는 도와 소코르와 도분 메르겐이란 두 아들이 있었다. 동생은 장가를 가지 못한 총각이었다. 사냥을 하던 형제는 보르칸산으로 오는 알랑 고아의 마차를 발견했고, 그녀의 미모에 취한 도분 메르겐은 그 자리에서 청혼했다.

알랑 고아는 도분 메르겐과 함께 살며 벨구누테이와 부구누테이 형제를 낳았다. 그러나 남편 도분 메르겐은 일찍 세상을 뜬다. 청상과부 알랑 고아는 홀몸으로 다시 아들 셋을 낳는다. 부쿠 카다기, 부카투 살지, 보돈차르 몽칵이다.

도분 메르겐의 두 아들은 웬만큼 성장하자 어머니를 의심하기 시작했다. 저 배다른 동생들의 아버지는 누구일까? 그런 두 아들의 눈치를 알랑 고아 또한 모르지 않았다. 그녀는 때가 오기를 기다렸다. 어느 봄 날, 알랑 고아는 다섯 아들들에게 얼음을 한 조각씩 가져와 깨보라고 했다. 영문을 모르는 다섯 아들은 손쉽게 얼음을 부숴 버렸다. 알랑 고아는 아들들에게 다시 얼음을 한 조각씩 가져오게 해서 얼음을 포개 놓도록 했다. 그리고 그것을 깨보라고 했다. 이번에는 어느 누구도 얼음 다섯 장을 한 번에 깰 수 없었다.

알랑 고아는 자기가 죽고 없을 때 배다른 형제들이 서로 반목할까 걱정했다. 그녀는 아들들에게 얼음 조각처럼 하나하나 흩어지면 쉽게 깨지지만, 뭉치면 부서지지 않는다고 가르쳤다. 그런 다음 배다른 형제 셋이 어떻게 태어났는지도 설명했다.

　젊은 과부에게 밤은 무척이나 길었다. 몽골인들이 기거하는 이동식 원형천막집 겔의 중앙 천장에 난 큰 구멍(터넛)을 통해 알랑 고아는 별들이 움직이는 모습을 쳐다보며 먼저 간 남편을 그리워하곤 했다. 그러던 어느 날 터넛으로 밝은 빛이 들어왔다. 그 빛은 밝고 노란 사람으로 변하더니 그녀의 배를 쓰다듬고 문질렀다. 그리고 어느 순간에 그녀의 뱃속으로 들어왔다. 그런 일이 밤마다 계속됐다. 빛은 밤새도록 알랑 고아와 함께 있다가 달 지고 해 뜰 새벽에 사라졌다.

　빛은 알랑 고아에게 장차 자기를 닮아 회색 눈과 황색 피부를 지닌 후손이 나올 것이라고 했다. 세 아들은 예언대로 잿빛 눈을 가졌다.

　너희들은 왜 함부로 말하는가?

　그렇게 알면

　그 상징은

　하늘의 아들들!

　너희들은 왜 검은 머리 인간들과

　견주어 말하는가?

　모든 자들의 임금이 되면

　평범한 인간들은 그때야 깨닫게 되리라!

알랑 고아는 빛의 자식, 하늘의 아들이라는 신화를 창조했다. 원대한 꿈을 가졌던 어머니는 아들들을 훌륭하게 교육시켰고, 그 덕택에 다섯 아들은 몽골 민족을 대표하는 다섯 씨족의 시조가 됐다. 다섯 아들이 이룬 씨족은 이렇다.

벨구누테이 → 벨구누드 씨족

부구누테이 → 부구누드 씨족

부쿠 카다기 → 카다긴 씨족

부카투 살지 → 살지우드 씨족

보돈차르 몽칵 → 보르지긴 씨족

꿈은 이루어진다. 그녀의 후손(보르지긴 씨족) 중에서 칭기스칸이 태어났다. 이로써 알랑 고아는 몽골의 전설적 어머니가 된 것이다.

알랑 고아가 보여준 모성애는 화합과 조화의 사랑이다. 자식만을 위해 내리꽂듯 하는 일방적이고 협소한 사랑이 아니라 자식들의 화합, 가족 전체의 화합, 나아가 사회 전체의 화합과 조화를 이끌어내는 사랑을 보여준 것이다. 사회는 모성 본능이 확대되고 확대될 때 가장 아름답고 따뜻해진다는 것은 두말할 나위가 없다.

유목민들의 사람 사랑은 동물 사랑으로 이어진다. 칭기스칸이 세계를 정복한 뒤 만든 법령이 『대(大)자사크』다. 우리의 헌법격인 이 법령의 제2조는 '수간(獸姦)한 자는 사형에 처한다'고 돼 있다. 얼핏 인간 품위를 강조하는 조항처럼 보인다. 애니미즘이나 토테미즘, 혹은 샤머니즘에 기초한 인습의 발로라고 해석할 수도 있다. 그러나 이는 지나친 비약일 것이다. 그보다는 짐승의 생명을 인간과 같은 궤도에 올려놓고 존중하고자 했던 지구 공동체적 발상이 아닐까.

망망대해 같은 초원에 사람 하나와 동물 하나만 남아 있다고 생각해보자. 수간이 발생하지 않는다고 확신할 수 없다. 문제는 그것이 동물들의 의지와 상관없이 일어난다는 것이다. 수간을 동물에 대한 성적 학대로 이해하고 엄벌로 다스리려 한 의지는 제8조에도 담겨 있다.

> 짐승을 잡을 때는 먼저 사지를 묶고 배를 가르며 고통스럽지 않게 죽도록 심장을 단단히 조여야 한다. 이슬람교도처럼 짐승을 함부로 도살하는 자는 그렇게 도살당할 것이다.

사람에 대한 사랑, 가축에 대한 사랑은 야생동물에까지 고스란히 전달된다. 고비사막을 여행하다 보면 사람을 찾아볼 수 없는 황막한 땅에 우물이 있는 것을 볼 수 있다. 우물 옆으로는 말구유처럼 생긴 3~4미터짜리 긴 물통이 있다. 혹 사람이 지나가게 되면, 누구든 그리고 언제든 우물의 물을 퍼서

물통을 가득 채워둔다. 이곳을 지나가는 야생동물들, 고비사막에 사는 수많은 늑대나 산양, 야생말, 아르갈이란 이름의 사슴들은 이 물을 먹고 생명을 이어간다.

동서고금에 사랑만큼 아름다운 것은 없다. 그 중에서도 어머니의 사랑, 모성애만큼 고귀하고 숭고한 것은 없다. 세계 최고의 서비스 정신과 AS 시스템은 한국 부모들의 자식 사랑이 아닐까. 우리 어머니들의 자식 사랑이야말로 가정을 바꾸고 사회를 발전시키는 힘이다. 자식이 먹는 반찬 하나, 자식이 입는 옷 단추 하나에까지 녹아들어 있는 어머니의 사랑, 어머니들의 신바람과 피눈물이 오늘의 한국 사회를 일궈냈다.

3

우마드의 가정경영

남녀가 부부로 만나 꾸리는 게 가정이지만 이젠 그 유형도 가지가지다. 싱글족, 캥거루족에 동성애 가족, 기러기 가족까지 신어(新語)들도 많다. 핵가족이 세포가족으로까지 미분(微分)됐다고 할 만하다. 그렇다고 부부와 자식이 이루는, 가정이라는 기본 틀만은 변할 수 없다. 가정은 인간의 보금자리이자 공동체의 기본 단위다. 자칫 잘못 다루면 불행이 쏟아져 나오는 판도라의 상자일 수도 있다.

남존여비가 지배하는 시절, 가정의 성공은 여성의 성공과 양립하기 어려웠다. 하지만 이제 여성이 CEO로서 가정을 경영하는 시대가 되었다.

과거 가정이 대기업형(型)이었다면 오늘의 가정은 벤처기업이다. 조부모부터 손자까지 함께 사는 대가족은 거의 사라졌다. 산업화 사회에서 기업의 문어발식 확장을 연상시키는 거대 규모 가족은 정보화 시대에 접어들면서 작고 역동적이며 속도를 중시하는 일종의 게릴라 부대로 탈바꿈했다.

두 가정 유형은 의사결정 구조부터 판이하다. 대기업형 가정에서는 의사가 수직적으로 결정되고 명령 전달식으로 소통된다. 사장－이사－부장－사원 식으로 가족 구성원마다 발언권 크기도 다르다. 반면에 벤처기업형 가정은 수평적인 의사결정 구조를 갖는다. 대화와 타협을 중시한다. 발언권도 동등하다. 각자 한 표씩을 행사한다.

변화의 포인트는 여성의 지위에 있다. 아버지와 아들을 축으로 굴러가던 가정이 남편과 아내가 동등한 권리를 갖는 신질서로 재편됐다. 여성은 가정의 CEO이거나 동업자 자리를 확실하게 차지했다. 그 결과 여성은 직장과 가정을 모두 책임지는 멀티플레이어가 됐다.

수직 관계, 고정적 관계가 아닌 수평적이고 변화무쌍한 가정, 즉 벤처기업형 가정에선 종업원이라는 개념이 없다. 함께 꿈을 품고 함께 실현하는 동지만 있을 뿐이다.

	대기업형 가정(과거)	벤처기업형 가정(현재)
의사 결정	수직적, 명령 전달식	수평적, 대화와 타협
역할	고정적, 분담형(남편은 경제, 여성은 가사 담당 등)	유동적(전업 남편도 등장), 멀티 플레이어형(일도 하고 아이도 키우고)
의사 결정권	사장–상무–부장–사원 순처럼 권한의 크기가 가족마다 다름	동등한 권한. 모두 1표씩 만 행사
세대 수	2~3세대가 함께 모여 있음	1세대가 원칙
자녀 양육과 교육	모든 책임을 가정에서 소화	양육, 교육 등을 '아웃소싱'
가족 형태	결혼으로 가정 형성이 원칙	싱글족, 캥거루족 등 다양한 형태
자식	2명은 필수	아이는 없어도 무관
결혼 지속 기간	검은 머리가 파뿌리 될 때까지	전직(이혼)이 비교적 자유로움
거주 위치	본가 근처	처가 근처
CEO	반드시 남성	여성 CEO(여성 단독 가구)도 다수 등장
가족 관계	부자 중심	부부 중심
대화 형식	얼굴을 맞대고 대화	바쁜 일과 때문에 전화, 이메일, 메신저 등 활용
가부장권	가장인 아버지에게 집중	특정 가족에게 힘이 집중되지 않음
노부모 부양	정년이 끝날 때까지(죽음) 가정에서 책임	아웃소싱 혹은 노부모가 알아서 노후 준비
부모 자식 관계	책임과 예속	독립적 관계
가정의 사회적 기능	멀티 기능	제한적 기능(자녀들의 양육, 교육은 물론, 여가, 오락도 가정 밖에서 소화)

우마드 Womad – 여성시대의 새로운 코드

남편은 동지다

여성이 가정의 성공과 자신의 성공을 모두 얻으려면 우선 남편과의 관계 설정이 잘 돼야 한다. 벤처기업형 가정에서 두 기둥인 남편과 아내의 역할과 책임이 분명해야 한다. 남편은 동지이자 두 CEO 중 한 명일 뿐이다. 여성은 이제 남편의 성공에 빌붙어 자신의 성공인 양 우쭐대서는 안 된다. 남편을 정확하게 동지로 생각할 때에만 여성의 성공은 보장 받을 수 있다.

몽골 유목민들은 가정의 중대한 의사결정이 있을 때 꼭 여성의 의견을 묻는다. 이는 칸(왕)의 정책 결정에도 고스란히 이어지는 전통이다. 칸이 귀빈을 맞이할 때도 언제나 부인이 자리를 함께 한다. 이는 달리 보면 독대(獨對)가 없었다는 얘기다. 독대가 없으면 야합이 없다. 신뢰는 매사가 투명할 때 솟는다. 남편과 아내 관계에서 맨 먼저 지켜야 할 것이 투명한 관계, 동지적 관계다. 베갯머리 송사로 매사를 처리하고 어려움을 해결하겠다는 생각은 버려야 한다.

유목민은 '태어난 곳은 달라도 죽는 곳은 같다'는 표현으로 동지를 말한다. 그들은 동지를 '너커르'와 '안다'라고 부른다. 피를 나눈 형제보다 더 가깝다는 뜻이다. 동지는 자기와 비전이 같은 사람이다.

칭기스칸의 최고 동지는 아내 버르테였다. 버르테는 흥안령 쪽에 있던 옹기라트 부족 출신이다. 흥안령에는 긴 성(長城)이 있었고, 그런 성벽을 몽골에서는 옹구라고 부른다. 옹기라트는 장성 부근에 있는 부족이라는 뜻이다. 조혼 풍습에 따라 테무진(칭기스칸의 아명)은 아홉 살 되던 해 아버지를 따라 신부감을 찾아 떠난다. 그들은 옹기라트에서 데이 세첸이라는 남자를 만났다. 그가 훗날의 아내 버르테의 아버지였다. 버르테는 테무진보다 한 살 많은 열 살이었다.

너커르와 안다

몽골 유목민들이 부르는 동지, 형제라는 뜻의 이름이다. 너커르는 정치적 관계의 동지이고, 안다는 혈육적 관계의 의형제다. 적보다 동지가 많아야만 생존할 수 있는 유목민 특성상 너커르와 안다의 관계는 매우 중요했다. 칭기스칸이 제국의 꿈을 이루는 데도 너커르의 역할이 절대적이었다. 정치 참모격인 4준마(보오르초, 모칼리, 보로콜, 칠라운)와 현지 사령관격인 4맹견(수베에테이, 제베, 젤메, 코빌라이)을 포함해 수십 명의 너커르 집단이 있었다. 의형제를 맺은 안다도 많았다. 칭기스칸과 마지막까지 고원의 패권을 다퉜던 자모카도 원래 그의 안다였다. 전쟁 중에 안다가 죽으면 그의 자식들을 아들로 삼아 기르는데, 그래서 몽골인 중엔 자식이 100명 넘는 사람도 많았다.

눈에는 불이 있고

얼굴에는 빛이 있다

아버지 예수게이와 데이 세첸은 서로의 자식들을 그렇게 보았다. 약혼이 이뤄졌고 버르테는 고향 옹기라트를 떠나 푸른 호수가 있는 곳, 오난강으로 새로운 삶을 향해 떠났다. 칭기스칸의 아내로서.

켈룬렌강 상류 보르기 에르기(물안개 피는 언덕)에서 살 때였다. 메르키트 부족 병사들이 원수를 갚겠다며 쳐들어 왔다. 말이 모자라 버르테는 수레를 타고 달아났다. 수레에 양털을 가득 싣고 그 속에 숨었지만 메르키트 사람들에게 들켰다. 버르테는 메르키트 사람 칠게르에게 납치돼 갔다. 칠게르는 공교롭게도 칠레두의 동생이었다. 앞 장(章)에 등장했듯 칠레두는 나중에 칭기스칸의 어머니가 되는 약혼녀 허엘룬을 칭기스칸의 아버지 예수게이에게 빼앗기고 줄행랑을 놓았던 인물이다. 2대에 걸쳐 뺏고 빼앗기는 악연(惡緣)이 맺어진 셈이다.

메르키트의 지도자는 칠레두와 칠게르의 형 토크토아 베키였다. 테무진은 아내를 되찾으려고 당시 몽골 고원 실력자인 웅칸과 자모카의 도움을 얻어 메르키트를 공격한다. 연합군의 습격에 메르키트는 흩어졌다. 버르테도 도망치다 자기 이름을 부르는 소리를 들었다. 테무진의 목소리였다. 둘은 힘

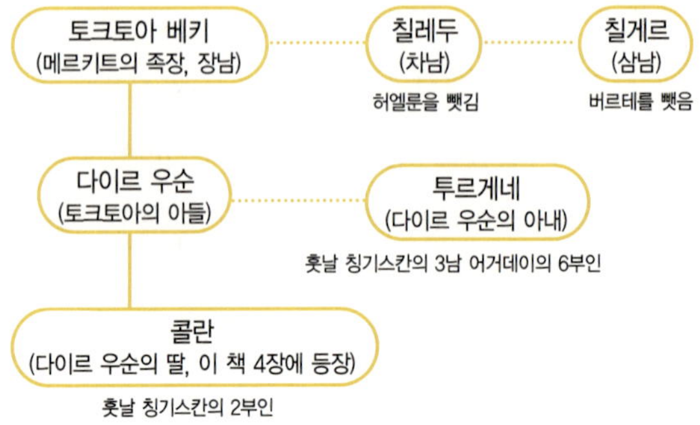

메르키트 족장의 3형제들은 칭기스칸의 어머니와 아내를 약탈당하고 약탈한 악연이 있다. 반면에 칭기스칸이 데려온 투르게네와 콜란은 어머니와 딸의 관계에서 며느리와 시어머니의 관계로 역전되는 결과를 맞는다. 유목민의 유연함은 가족제도에서 잘 나타난다. 서로 죽이고 죽는 초원에서 과부에 대한 보호는 적과 우리 편을 뛰어넘어 상생의 길을 상징하는 관례였다.

차게 끌어안았다. 칠게르에게 납치된 지 2년 만의 일이었다. 기뻐서 눈물을 흘리는 버르테, 그러나 그녀의 뱃속에는 적장 칠게르의 아이가 자라고 있었다.

칭기스칸의 『대자사크』 제1조는 "간통한 자는 사형에 처한다" 이다.

다른 죄에 비해 턱없이 과중한 형량이다. 하지만 칭기스칸이 이런 법조항을 제정한 데에는 공동체 결속을 해치는 행위를 가장 큰 범죄로 여겼다는 것을 알 수 있다. 유목민은 고립되면 죽는다. 공동체가 내부에서 해체돼 울타리를 잃은 상황에서는 외부 위협으로부터 살아남을 수 없다. 가정은 공동체를 구성하는 핵심이고, 간통은 부부간 신뢰를 무너뜨려 가정을 파괴하는 범죄다.

여기서 눈여겨볼 대목이 있다. 간통을 엄벌하는 칭기스칸이 적장의 아이를 잉태한 아내를 두말 없이 받아들였다는 사실이다. 왜 몸을 더럽힌 아내를 버리거나 더 나아가 사형시키지 않았을까? 아내가 간통한 게 아니라 강간 당했기 때문이다. 약속 파기는 중형감이다. 간통은 믿음에 대한 배신이고 약속의 파기다. 그러나 강간 당한 것은 약속의 파기가 아니므로 간단하게 용서된다. 한국 사회에서 강간 당한 아내를 너그럽게 받아들일 남자가 얼마나 될지 모를 일이다.

이제 버르테가 남편에게 보답할 차례다. 버르테 구출 작전에 성공하면서 초원의 강자로 부상한 칭기스칸은 고원의 2대 실력자 중 한 사람인 자모카와 함께 1년 반 동안 유목 생활을 한다. 자모카는 어린 시절 칭기스칸의 안다(의형제)였다.

어느 날 자모카가 테무진에게 모호한 말을 했다. 테무진이 그 뜻을 몰라 궁금해하고 있자니 총명한 버르테가 일러줬다. 둘이 헤어질 때가 됐다는 것이다. 버르테의 말대로 테무진과 자모카는 이튿날 각기 목영지(牧營地)를 달리해 떠났다. 그녀는 칠게르의 아들인 조치를 낳은 뒤 테무진과의 사이에 차가타이, 어거데이, 톨로이를 차례로 낳았다.

씨 다른 형제 조치와 차가타이가 칭기스칸의 후계 문제를 놓고 싸웠다. 조치의 혈통을 차가타이가 거론하자 조치는 격하게 반발했다. 급기야 둘은 칭기스칸 앞에서 몸싸움까지 벌였다. 그때 쿠쿠추가 나섰다.

그대들이 태어나기 전부터

별이 있는 하늘은 돌고 있었다

여러 나라가 싸우고 있었다

제자리에 들지 아니하고

서로 빼앗고 있었다

흙이 있는 대지는 뒤집히고 있었다

모든 나라가 싸우고 있었다

제 담요에서 아니 자고

서로 공격하고 있었다. 그럴 때

다른 남자를 원해서 간 것이 아니다

교전 중에 그리 되었다

다른 남자에게로 도망친 것이 아니다

전투 중에 그리 되었다

다른 남자를 사랑하여 간 것이 아니다

서로 죽일 때 그리 되었다

그대들의 어머니는 함께 고생하며

높다랗게 머리를 묶고

질끈 허리띠를 동여매고

모자를 단단히 눌러쓰고

그대들을 기를 때

음식을 삼킬 사이에 그대들을 주고

당신의 목구멍을 좁혀

당신의 모든 것을 주고

주린 채 다녔다

그대들의 빗장뼈를 당겨

남자답게 누가 만들었는가?

그대들의 목을 잡아 늘려

사람답게 누가 만들었는가?

그대들의 몸을 씻기고

그대들의 발꿈치를 들게 하여

남자의 어깨뼈에

거세마의 엉덩이에 닿게 하고

이제 그대들이 잘되기를 보겠다고

생각하고 계시지 않는가?

고통과 희생의 나날을 보낸 어머니의 삶을 듣고서 두 아들은 싸움을 멈췄다. 버르테는 맨손의 칭기스칸이 고원을 통일하는 데 결정적 역할을 한 아내이자 동지였다. 자모카는 칭기스칸에게 죽기 직전 한탄했다. "나는 아내를 잘못 만나 너에게 패했다." 유목민에게 아내의 역할이 얼마나 중요한지, 버르테가 동지로서의 역할을 얼마나 잘 해냈는지 알 수 있는 대목이다.

유목민들의 부부관계에서 '평등'은 오늘까지도 전혀 변함없이 지속되고 있다.

몽골 여성들은 남자와 내외하지 않는다. 공손하고 순박하지만 한없이 자유로운 사람들이다. 자존심도 세다. 몽골인들은 머리를 숙이지 않는다. 한국에 유학 온 몽골 학생들은 머리 숙여 인사하기가 정말 어려웠다고들 말한다. 몸에 밴 습성 때문에 연습을 해도 쉽지 않다고 한다.

부부가 사랑을 나눌 때도 여성의 자존심은 반드시 지켜진다. 몽골인들은 꼭 여자 침대에서만 부부관계를 갖는다. 겔의 내부는 트여 있다. 오른쪽에 남자의 침대, 왼쪽에 여자 침대로만 나뉘어 있을 뿐, 원룸처럼 칸막이가 없다. 한 공간인데도 남자가 굳이 여자 침대로 가는 이유는 무엇일까? 사랑은 여성의 영역이라고 인정하기 때문이다.

여담이지만, 몽골의 청춘 남녀가 풀밭에서 사랑을 나눌 때는 어떻게 할까? 사람이 사는 곳이니 그런 일이 생기지 말라는 법은 없다. 하지만 몽골 초원은 눈길이 끝나는 데까지 구릉이 하나도 없다. 지평선만으로 신기루가 생기는 땅이다. 게다가 유목민들 시력은 4.0에서 5.0에 이른다고 한다. 불타는 열정을 어찌할 것인가? 방법은 있다. 남녀가 말을 타고 사람이 없는 곳으로 가서 '올가'를 꽂아 놓는다. 올가는 우리말 올가미와 같은 말로, 야생마를 길들일 때 쓰는 작대기에 밧줄 고리가 달린 물건이다. 올가가 꽂혀 있는 것을 멀리서 본 사람은 근처에 얼씬거리지도 않는다. 수천 년을 지속해온 유목민의 삶이 자연스럽게 만들어낸 약속과 예의의 신호다.

남녀의 사랑 행위가 개방된 것과 함께 그 선택권이 여성에게 있는 것도 눈여겨볼 대목이다. 젊은 남녀가 맞선을 보고

난 뒤 남자는 여자 집 앞에 나무 막대기를 꽂아둔다. 여자가 막대기를 뽑아 가면 사랑을 인정한다는 표시다. 이혼할 때도 여성이 우월한 위치를 차지한다. 우리의 경우 특별한 사유가 없는 한 남편이 아내에게 위자료를 줄 뿐, 나머지 재산과 자녀들은 대개 남편이 갖는다. 하지만 몽골에서는 이혼할 때 아내가 자녀와 재산을 챙기는 게 기본이다.

몽골에는 미혼모라는 말도 없다. 여성이 혼자 애를 낳고 살아도 누구 하나 눈을 흘기지 않는다. 그 여성이 선택한 스스로의 권리일 뿐이다. 결혼식을 치를 수 있는 길일(吉日)이 1년에 한두 번밖에 없는 것도 잠정적 미혼모들을 양산하는 원인이다. 음력 8월 중 한두 날이 길일이라 그 날이 되면 밀려 있던 청춘 남녀가 일제히 결혼식을 올린다. 2002년 길일에는 수도 울란바타르의 한 예식장에서만 108쌍이, 2003년엔 115쌍이 결혼식을 올렸다.

자녀는 미래를 향한 꿈이다

남편과 아내가 동지인 가정에서라면 자식은 그들의 꿈이다. 꿈의 결정체다.

성공한 사람들에게 공통점이 있다면 그것은 '꿈'이다. 꿈을 꾸는 일, 즉 비전을 지닐 때만 성공을 보장 받을 수 있다. 미래에 대한 청사진이 없는 사람은 그저 하루하루를 연명해 갈 뿐이다. 그런 사람은 지금 자기가 어느 길 위에 서 있는지를 알지 못한다.

남편과 아내의 꿈인 자식은 말 그대로 알차게 교육하고 양육해야 한다. 헌신과 봉사, 애정과 사랑으로 기르는 길밖에 왕도가 없다.

몽골 역사에 네 명의 칸을 낳은 어머니가 있다. 칭기스칸의 막내며느리인 소르카크타니다. 소르카크타니는 적장의 딸이었다가 전쟁 중에 잡혀와 칭기스칸의 막내아들 톨로이의 아내가 됐다.

남편 톨로이는 후계자 경쟁에서 밀려난 뒤 젊어서 죽는다. 그녀는 당시 관행이었던 재혼을 거부하고 온 정성을 쏟아 아이들을 기른다. 어머니의 헌신적인 노력에 힘입어 네 아들 모두 칸이 되는 기적을 이룬다. 큰아들 멍케(1208~1259)는 몽골 제국의 제4대 칸이 돼 열정적으로 제국을 경영했다. 차남 쿠빌라이(1215~1294)는 중국을 정벌하고 원나라를 세웠다. 세째 홀레구는 오늘의 이란, 시리아, 아제르바이잔, 이라크 지역을 점령하고 일칸국을 세웠다. 막내 아리크버케는 막내가 본거지를 맡는다는 몽골 전통에 따라 본토를 다스렸다. 칸에 오르지도 못한 채 먼저 간 남편의 꿈을 자식들을 통해 달성한 소르카크타니. 과부로 살아가기 힘든 척박한 환경에서도 큰 꿈을 버리지 않았기에 어마어마한 성공을 거둔 것이다.

지금도 소르카크타니는 현명하고 지혜로운 여인, 위대한 어머니로 칭송 받는다. 그녀는 케레이트부 옹칸의 동생 자카 감보의 셋째 딸이다. 1203년 칭기스칸이 케레이트를 점령할 때 소르카크타니와 그녀의 언니 이바카를 잡아 왔다. 언니 이바카는 자신의 첩으로 들이고 동생 소르카크타니는 막내 아들 톨로이에게 줬다. 나중에 칭기스칸은 유럽 원정에 성공한 수베에테이에게 이바카를 주어 치하했다.

소르카크타니의 남편 톨로이는 1193년 태어난 칭기스칸의 막내아들이다. 그는 매우 용맹스럽고 지략이 탁월한 군사 지휘자였다. 스무 살이 되기 전부터 아버지를 따라 금(金), 콰레즘, 부하라, 사마르칸트, 탕고트(서하) 등의 점령전에 참가했다. 그는 칭기스칸 곁을 잠시도 떨어지지 않고 전쟁터를 누볐다. 아버지의 마지막 전장이었던 탕고트에서는 숨을 거두는 아버지의 머리를 받쳐줬다. 칭기스칸의 가르침을 가장 많이 받아 지혜를 쌓은 아들이 톨로이였다. 이 때문에 형 어거데이가 몽골 제국의 2대 칸으로 등극하기 전 2년가량 국정을 맡기도 했다.

톨로이는 제국 내에서 명성이 높았지만 칸 자리를 노골적으로 탐내진 않았다. 그는 형 어거데이가 칸위(位)에 오를 때 모든 지력과 지혜, 생명을 몽골을 위해 아낌없이 바치겠다고 맹세했다. "저는 칸이신 아버님께서 이르신 형의 곁에 있으면서 잊은 것을 상기시키며, 잠들었을 때 깨우며, 부르는 소리에 답하고, 떨어진 말에게는 채찍이 되며, 먼 여행에 함께하고, 가까운 전쟁에 참여하며 돕겠습니다."

그 약속이 현실로 다가왔다. 어거데이칸이 중병을 앓게 되자 톨로이는 자기가 대신 죽겠다며 하늘에 운명을 맡겼다. 하늘의 수호신이 동생의 지극한 마음을 받아들여 어거데이칸을 살게 했다고 『몽골영웅서사시』는 말한다. 톨로이는 "고아가 될 내 아이들을, 과부가 될 내 아내를 보살피는 일을 형인 칸이여 알아주소서"라는 말을 남기고 죽었다.

톨로이가 죽자 어거데이칸은 계수인 소르카크타니를 자기 아들 구육의 황후로 삼으려 했다. 그러자 소르카크타니는 이렇게 말한다. "칸의 명을 어찌 거역하겠습니까? 그러나 고아로 남은 자식들을 키우며 그 아이들의 손은 안장에, 발은 등자에 디디기를 바랍니다." 어거데이는 그녀를 구육의 황후로 삼을 계획을 포기했다.

당시 환경과 풍습으로 미루어 소르카크타니의 결단은 쉬운 일이 아니었다. 초원에 홀로 남은 여자는 생존 자체가 어려웠다. 죽은 남편의 형이나 동생, 심지어 아들의 첩이 되는 경우까지 있었다. 유목민들 나름의 생존문화였다. 하지만 그녀는 칸의 명령을 어기면서까지 재혼을 하지 않았다. 몽골인들은 그것이 자식 교육 때문이었다고 설명한다.

이런 일도 있었다. 칭기스칸이 남편 톨로이에게 준 군대와 영지를 어거데이칸이 빼앗아 다른 사람에게 나눠 주려고 했다. 네 아들이 저항하자 어머니 소르카크타니는 "작은 땅에 집착하지 말아라. 더 큰 미래를 생각하라"며 순순히 내줬다. 대신 아들들에게는 더 큰 꿈을 키우라고 타일렀다. 그녀는 자식들에게 공부를 많이 시킨 것으로 유명하다. 큰아들 멍케칸은 유클리트 기하학의 천재로 불릴 정도였다. 어거데이칸은 소르카크타니의 학식과 지혜를 존경해 제국의 정사를 논의할 때 그녀를 초청해 조언을 받곤 했다.

소르카크타니는 모든 종교를 인정했고 평민을 사랑했다. 수도 카라코롬에 몰려드는 가난한 사람들에게 그녀는 매일 보시(布施)를 했다. 소르카크타니는 기독교(네스토리우스파)를 믿었지만 회교도들과도 친분이 두터웠다. 칭기스칸이 정복한 콰레즘의 수도 부하라에 '학식의 전당'이라는 이슬람 학교를 세워 아이들 1천 명을 가르치도록 했다. 회교도들은 크게 감사하며 소르카크타니의 공을 대대로 기념하기 위해 학교 이름을 '황후의 학교'라고 붙였다.

한없는 자비로 칭송받던 소르카크타니는 1252년 설을 전후해 사망했다. 로마 교황의 사절로 카라코룸을 방문했던 프랑스의 플라노 카르피니 출신 수도사는 여행기에서 "황후들 중에서 가장 유명한 황후는 칸의 모친인 소르카크타니다. 그녀는 이 시대의 가장 놀라운 인물"이라고 기록하고 있다. 일칸국의 역사가 라시드 앗 딘 또한 "소르카크타니 황후는 천부적 재능으로 세계의 전 여성을 이끌 인물이었다"고 찬양했다.

킵차크칸국의 바투칸이 칸위 경쟁에 나선 멍케를 지지하며 보낸 헌사는 멍케칸보다는 그 어머니 소르카크타니에게 최고의 찬사로 들렸을 것이다. 자식의 성공으로 그녀는 스톡옵션을 톡톡히 받은 셈이었다.

멍케는 세상의 진위를 보았으며

모든 일의 좋고 나쁨을 맛보았으며

많은 나라에서 군사를 이끌며 전공(戰功)을 세운 힘이 크며

천재적이며 과감한 용사

용맹성을 지녔으며

천부적 지혜를 새길 현명함을 지닌 인물이기에

그를 대칸에 선출하면

해가 뜨는 쪽에서

해가 지는 쪽에 이르기까지

드넓은 지역을 점령한 제국을 적확한 사고로 이끌 수 있다.

그러한 때에 국가와 병사, 백성, 제왕들인

우리들의 행복이 공고해져 승리하게 된다.

복잡하고 특이한 처첩 가계사 2

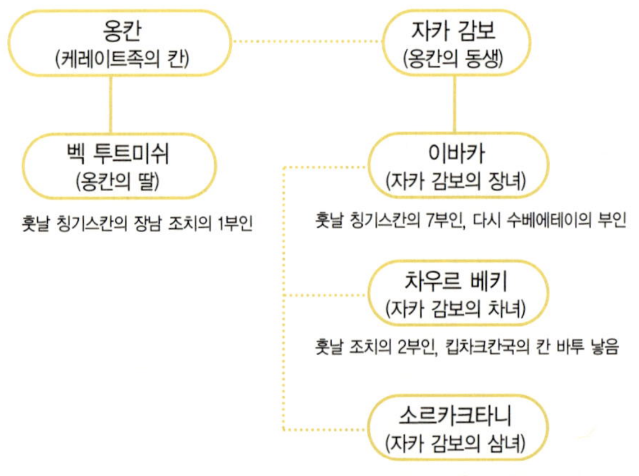

이 가계사를 보면 바투가 멍케칸을 지지하게 된 배경의 일부를 알 수 있다. 두 세력이 연합해 어거데이 가문에 있던 칸위를 빼앗아오는 데에는 그들이 사촌일 뿐 아니라 어머니 쪽으로도 사촌이었기에 수월한 측면이 있다. 정치적으로는 1236년 바투를 사령관으로 삼아 멍케와 다른 10여 명의 황태자가 모두 출정한 유럽 정벌전에서 발생한 바투·멍케와 어거데이·차가타이 후손의 불화가 배경이 됐다.

친인척은 우호 주주(株主)다

가정 경영자가 남편과 아내라면 나머지 가족들, 친인척들의 역할은 무엇일까? 가정 경영에서 그들은 주주들이다. 주주는 기업이 성공했을 때 이익을 나눠 갖는다. 그들은 경영에 직접 참여하지는 않지만 늘 관심을 지니고 지켜보는 사람들이다. 희망이 있는 가정의 구성원들이 늘 활력에 넘치는 것은 주주들의 이익 분배와 깊은 관련이 있다. 그들은 CEO가 경영을 잘하는지를 살피기도 하겠지만 기업이 어려워지면 발벗고 나설 우호 주주들이다.

몽골에선 첩이나 양자라 하더라도 일단 가족 구성원이 되면 똑같이 대접하고, 그들에게 대우를 해줬다. 그리고 그들은 상응한 보답을 했다고 역사는 기록하고 있다.

유목민의 가족 관리 원칙은 어땠을까. 우선 냉혹하고도 정확한 규율을 존중했다.

대의를 어기고 편 가르기를 하는 사람은 형제라도 처단했다. 칭기스칸의 아버지 예수게이가 독살당하자 예수게이의 형제들도 어린 칭기스칸의 일가를 버렸다. 백부, 숙부가 떠나간 뒤 테무진 가족은 생명의 위협을 받으며 초근목피로 연명했다. 그때 테무진은 형제도 버리고 조카도 버리는 비정한 고원의 논리를 익혔다. 칭기스칸은 번번이 이복동생들이 잡은 물고기나 짐승을 강제로 빼앗아 제 친어머니에게 갖다 주는 이복형 벡테르를 활로 쏘아 죽인다. 편 가르기에 대한 명백한 응징이었다.

친동생 카사르는 몽골 제국을 완성하는 데 큰 공헌을 했다. 훗날 카사르는 그 대가로 자기가 형을 이어 칸이 돼야 한다는 얘기를 퍼뜨렸다. 소문을 들은 칭기스칸은 동생을 공개 처형하려 했다. 어머니 허엘룬의 눈물 어린 호소와 질책으로 형(刑)이 집행되지는 않았지만 그 후 카사르는 권력 중심부에서 완전히 밀려났다.

칭기스칸은 첩을 여럿 뒀다. 그러면서도 후계 구도에서 복잡한 후환거리를 만들지 않았다. 대부분 적장의 아내나 딸을 취했지만 골고루 애정을 베풀며 부귀영화를 보장해줬다. 대신 첩들이 엉뚱한 욕심을 부리지 못하도록 했다. 여자들 역시 원한을 품지 않았다. 이런 원칙은 첩과의 사이에서 낳은 서자(庶子)들에게도 적용됐다. 서자들 역시 권력에선 배제됐지만 부(富)는 풍성하게 받았다.

자매가 함께 칭기스칸의 아내가 된 예수이와 예수겐은 중국의 앞잡이 노릇을 한 타타르족 사람들이었다. 몽골과 견원지간이었던 타타르를 칭기스칸은 기회만 나면 공격했다. 타타르는 칭기스칸의 아버지를 독살한 원수이기도 했다. 1202년 타타르는 테무진 군(軍)에 궤멸됐다. 수레바퀴보다 키가 큰 타타르 남자들은 모두 살육당했다. 그 전쟁 와중에서 칭기스칸은 타타르 자매를 얻었다. 타타르 족장 예케 체렌의 딸들로, 언니 예수이와 동생 예수겐이었다. 예수이는 칭기스칸에게 맨 처음으로 후계자 문제를 거론한 인물이었다. 몽골 고원을 평정한 뒤 칭기스칸이 서역을 정벌하러 가기 직전 그녀는 충고한다.

칸께서는

높은 고개를 넘어

넓은 강들을 건너

긴 전쟁을 원정해

여러 나라 다스리기를 생각하셨습니다.

그러나 태어난 생명에 영원한 것은 없는 법입니다.

큰 나무 같은 그대의 몸이

기울어 가면

난마 같은 당신의 나라를 누구에게 맡기시렵니까?

큰 기둥 같은 그대의 몸이

쓰러져 가면

새떼 같은 그대의 나라를 누구에게 맡기시렵니까?

네 준마 같은

그대의 아들들 가운데

누구를 말씀하시렵니까?

예수이는 칭기스칸의 정실이 아니었다. 포로로 잡혀 온 적장의 딸이었고 자식도 없었다. 칭기스칸이 크게 감격했다.

예수이가 여자이기는 하나 아주 옳은 말을 하였다.
마치 내가 선조의 뒤를 이어온 것이 아니라는 듯
나는 한 번도 그런 생각을 해보지 않았다.
마치 내가 결코 죽지 않으리라는 듯이 편안하게 잤다.

예수이에 대한 칭기스칸의 총애는 유별났다. 죽기 1년 전 칭기스칸은 서하(西夏, 탕고트)를 치러 나섰다. 다섯 번째 서하 원정이었다. 그때도 예수이가 함께 했다. 칭기스칸이 서하의 육반산에서 병을 얻어 죽을 때에도 예수이는 그 곁을 지켰다. 칭기스칸은 예수이에게 서하 땅을 주어 사랑에 보답했다.

몽골인들은 양자에게도 부와 권력을 허용했다.

칭기스칸은 양자를 많이 길렀다. 그들을 모두 충성스런 부하로 만들었고 그만큼 신임했다. 그 대표적인 예가 사준마(四駿馬)로 유명한 보로콜과 『몽골비사』의 집필자로 추정되는 시키 코토코다. 사료(史料)에 구체적으로 등장하지 않는 양자는 이밖에도 더 많다. 칭기스칸은 그들을 모두 친아들처럼 아끼고 사랑했다.

일칸국의 역사가인 라시드 앗 딘의 『집사』에는 당시 칭기

   우마드 Womad – 여성시대의 새로운 코드

스칸이 가족과 친척들에게 배분한 부의 기록이 남아 있다. 친척들의 입장에서 이것은 성공한 기업에서 되돌려 받는 주식배당금에 해당될 것이다. 칭기스칸이 전쟁을 시작할 때 "좁은 땅에서 서로 싸울 것이 아니라 더 넓은 세상, 몽골 고원만한 땅을 다시 만들자"고 말했듯이, 그 분배물 또한 대단한 양이었다. 그 중 몇을 서술하면 이렇다.

가족들에게는 1천에서 4천 명을 주어 다스리게 했다. 소속민들은 평소에 유목 생활을 하다가 전쟁이 발생하면 출전할 수 있어야 했다. 어머니 허엘룬에게는 3천 명을, 막내 동생 테무게에게 5천 명을, 네 명의 아들들에게는 각각 4천 명을 주었고, 이복동생 벨구데이에게도 1천 명을 줬다.

친척들에게도 배분이 됐다. 둘째 동생 카사르의 자식들에게 1천 명을, 셋째 동생 카치운의 자식들에게 3천 명을, 아내 콜란의 형제인 자말 호자에게 1백 명을, 어머니 허엘룬의 형제이며 막내딸 알탄루칸 아카의 남편인 타이추 쿠레겐에게 1천 명을 다스리게 했다.

양자들이라고 차별받지 않았다. 성과와 공적에 따라 차이를 둘 뿐이었다. 열한 살 때 양자로 삼아 길렀고, 자신의 다섯 번째 아들이라 말했던 탕구트 출신 차간에게 1천 명을, 『몽골비사』를 쓴 시키 코토코에게 1천 명을 줬다.

다 옮겨 적지 못하지만, 대부분 가족과 친척, 양자들이 목축지와 병사 관리권을 받았다. 이들 중에서도 단연 으뜸은

제국 탄생에 가장 크게 공헌한 동지들이었다. 좌(左) 모칼리 우(右) 보오르초라 불리던 두 너커르는 제국의 좌익과 우익을 담당하며 10만 명을 거느렸다. 개인적으로 얻은 것은 1천 명이지만, 그들은 십진법으로 계산되는 천호제(千戶制)에서 10만 호를 거느리는 수장이었다. 모든 전쟁에는 그가 있다던 전차부대장 수베에테이에게도, 대 샤먼 멍리크에게도 성과는 공평하게 돌아갔다. 그들은 함께 꿈을 꾸었다. 그리고 꿈을 이룬 뒤 성과를 함께 나눠 가졌다. 동지들에게는 스톡옵션, 친인척에게는 우호 주주가 갖는 지분의 개념이었다.

천호제(千戶制)

십진법으로 계산되는 몽골의 군사·사회·행정 시스템이다. 열 가구가 모여 한 집단을 이루고, 다시 열 개의 십호가 모여 백호를 이룬다. 이렇게 천호, 만호를 이뤄 사회 전체가 구성되는 제도이다. 이는 개인적 능력에 따라 얼마든지 신분 상승을 꾀할 수 있는 구조다. 십호의 장(長)은 자신들이 스스로 결정하고, 그 장 가운데서 백호장이, 다시 천호장과 만호장이 선출된다. 능력이 떨어지거나 과실이 있을 때도 조직원들이 파면하고 새로 뽑는다. 천호제의 장점은 조직이라는 유기체가 고여 있지 않고 언제나 역동성을 유지할 수 있게 만든다는 점이다. 십호의 구성원인 한 사람이 자기 아래에 열 명을 둠으로써 순식간에 조직을 확대할 수 있는 호환성도 보장한다.

고려로 시집 온 몽골 공주들은 왜 버림받았나

아름다운 고려 여인

몽골 역사에서 최고 미인으로 칭송받는 콜란이라는 여인이 있다. 그녀가 죽은 후, 친정 식구들이 제국의 성과급을 받을 만큼 성공을 이룬 여인이다. 그러나 그녀의 성공은 미모 덕분이 아니다. 콜란은 남편의 뜻을 잘 이해하고 감싸주는 능력이 있었기에 스스로 빛날 수 있었다.

칭기스칸은 메르키트와의 전쟁에서 개선하면서 절세미인 콜란을 데려와 두 번째 아내로 삼았다. 칭기스칸의 여러 아내 가운데 가장 총애받았던 여인이다. 콜란은 '야생마'라는 뜻이다. 그녀는 칭기스칸과의 사이에 네 아들을 뒀다. 그녀와 장남 컬겐은 칭기스칸의 서아시아 원정에 동행했을 만큼 칭기스칸의 아낌을 받았다. 그녀는 칭기스칸의 마음을 꿰뚫어 보고 칭기스칸에게 사랑을 쏟았다. 그녀가 원정길에 죽은 것은 이역(異域)의 풍토병 탓으로 추정된다. 세계 인류사에 있어서 최고의 지배자였던 칭기스칸, 그러나 그 남자를 자기의 무릎 아래 끓게 했던 여인, 콜란은 한 남자를 통해 세계를 지배했던 또 다른 지배자였다. 내몽골에 남아 있는 칭기스칸의 가묘(假墓) 에젠호르에는 버르테와 함께 콜란의 관도 나란히 놓여 있다.

킵차크칸국 역사서 《황금사》는 그녀가 고려 공주라며 다소
엉뚱한 이야기를 전한다.

칭기스칸은 해가 뜨는 나라 솔롱고국(고려)에 출정했다. 그러나 우네
겡강(압록강일 가능성이 있음)의 물이 불어 대군이 움직일 수 없었다.
고려 조정이 콜란이라는 공주를 바쳤다. 칭기스칸은 콜란에 빠져 3
년이나 본국으로 돌아가는 것을 잊었다.

이는 사실과 다르다. 칭기스칸 시대에는 몽골이 고려를 공
격한 적이 없다. 그럼에도 콜란이 후세의 몽골 사서에 고려
출신 여인으로 기록돼 있음은 그들의 눈에 비친 고려 여인들
이 매우 상냥하고 예뻤기 때문일지 모른다. 지금도 많은 몽
골인들은 콜란을 고려 여인으로 믿고 있다.

콜란

콜란은 오르콘강과 셀렝게강이 만나는 탈콘 아랄에서 자랐다. 그
녀의 아버지는 메르키트 씨족의 족장 다이르 오손이다. 딸이 칭기
스칸의 아내가 된 뒤에도 다이르 우순이 반란을 일으키자 칭기스
칸은 그를 처형했다. 칭기스칸은 처형된 다이르의 아내 투르게네
를 데려와 아들 어거데이에게 줬다. 투르게네는 구육을 낳아 훗날
황제의 어머니가 된다.

몽골인들은 우리나라를 '무지개의 나라'라는 뜻의 '솔롱고스'라 부른다. 그들이 고려와 고려 여인을 칭송하는 것은 오랫동안 지속돼온 양국 관계 탓이다. 두 나라는 정치관계뿐 아니라 혈육 부분까지 연결돼 있다.

고려는 24대 왕 원종(元宗, 재위 1259~1274) 때부터 약 100년 동안 몽골 원제국과 꽤 우호적으로 교류했다. 당시 고려의 중·상류층은 몽골 풍습을 기꺼이 받아들였다. 이른바 '몽골풍'이다. 여자가 족두리를 쓰고 옷고름에 장도(粧刀)를 매달거나, 신부가 연지를 찍고 남자가 마고자를 입는 것이 바로 이때 들어온 풍속이다. 왕의 진지를 '수라'라고 하는 것도, '장사치', '시정아치'처럼 끝에 '치'를 붙임으로써 비하하는 것도 몽골풍이다. 거꾸로 고려에서 몽골로 간 풍습도 있다. 이것은 '고려양'이라고 부른다. 고려 만두, 고려 떡, 상추쌈 같은 음식이 고려에서 전해진 것들이다. 쿠빌라이칸 시절의 기록은 칸이 상추쌈을 즐겼다고 전한다. 고려 상추는 금값보다 비쌌다고 한다.

1259년 고려가 몽골에 항복한 직후, 그해 7월 몽골 제국 4대 칸인 멍케칸이 장티푸스로 사망했다. 칸 앞에 무릎을 꿇기 위해 고려를 떠난 태자 전, 훗날의 원종은 몽골에 도착했지만 누구를 만나야 할지 몰랐다.

멍케칸의 동생으로, 대칸이 되려는 야망을 품고 있던 쿠빌라이는 당시 칸 등극의 명분을 찾느라 혈안이 돼 있었다. 그

앞에 천릿길을 걸어 온 자가 있었다. 몽골에 항복하러 온 고려 태자라고 했다. 쿠빌라이는 자기를 외교적으로 승인한 고려 태자를 앞세워 1260년에 쿠데타를 감행했다. 원 제국(元帝國)의 탄생이었다. 이때부터 몽골과 고려는 동지의 나라, 형제의 나라가 됐다. 양국 교류는 더욱 활발해졌고, 고려의 젊은 남녀들은 꿈과 기회의 나라 원으로 물밀듯 몰려갔다.

원과 고려의 교류에서 흥미를 끄는 대목 가운데 하나가 '국제결혼'이다. 고려로 시집온 원나라 공주들과, 원나라로 시집간 고려 여인들을 비교해볼 수 있기 때문이다. 몽골로 시집간 고려 여인 중에는 원나라 공주보다 더 높은 지위에 오른 여인들이 있다. 공녀로 출발해 원 순제의 제1 황후가 된 기황후가 그렇다. 기황후의 성공 이후, 그녀의 오빠 기철은 고려 왕실을 흔들 만큼 대단한 세력가가 되었다고 한다.

원나라 인종(Ayur-Baribad)의 후비였던 허씨(바얀 코토크)도 있다. 원 무종의 여인이었던 허씨는 시동생 인종이 황태자였던 시절 서로 눈이 맞았다. 인종은 형이 죽자마자 허씨를 후비로 삼았다. 허씨는 자기 앞에 머리를 숙이지 않는 고려 충선왕을 티베트로 귀양 보낼 만큼 막강한 권력을 틀어쥐었다.

슬피 우는 몽골 공주

고려로 시집온 몽골 공주들은 어찌 됐을까?

당시 세계 제국의 최고 지도자였던 쿠빌라이칸의 막내딸 코톨로 케이미시 공주가 고려 충렬왕(재위 1275~1308)에게 시집온다. 원종의 아들 충렬왕은 매우 총명한 인물이었지만, 예쁜 여자만 보면 밤잠을 못 이루는 바람둥이였던 모양이다. 그는 코톨로 케이미시 공주가 미인이라는 소식을 듣고서 변발을 한 채 쿠빌라이칸의 궁전에 가서 3년 동안이나 공주를 달라고 졸랐다. 쿠빌라이칸은 갖은 핑계를 대며 버티다 결국 가장 아끼는 딸을 고려 태자에게 줄 수밖에 없었다. 그때가 1274년, 만 15세인 코톨로 케이미시에겐 이미 약혼한 남자가 있었다. 이 결혼으로 충렬왕은 몽골 제국 전체 서열 7위의 지위를 차지했다.

그러나 충렬왕은 타고난 바람기를 누르지 못했다. 아무리 미인이라도 애정 섞인 육체 관계는 4년이면 끝난다는 설에 딱 들어맞는 인물이 충렬왕이었다. 그는 한반도에서 정력제를 처음 먹은 사람이기도 했다. 남송(南宋)에서 왔다는 정체 불명의 도사가 만든 정력제에는 납 성분이 들어 있었다. 사람들은 그가 언젠가 폐인이 될 것이라고 경고했다. 충렬왕은 실재로 납 중독에 걸려 성 불구가 됐다(국역 고려사).

그 사이 공주는 쿠빌라이칸을 빼닮은 아기를 낳았다. 몽골 황실은 이 아이에게 어린 황소라는 뜻으로 이데르 보카(Ider Bukha)라는 이름을 내렸다. 원나라 역사에 커다란 발자취를 남기며 심양(瀋陽)을 봉지(封地)로 받았던 충선왕(忠宣王)이다. 이로써 몽골과 고려 왕실은 일가가 됐다.

적지 않은 역사가들은 고려로 시집온 원나라 공주들이 고국 편에 서서 내정을 간섭했다고 불평한다. 정말 그럴까? 바람만 피우고 일하지 않는 남편 충렬왕을 섭섭해했던 아름다운 공주 코톨로 케이미시의 말을 과연 내정 간섭으로 볼 수 있는 것일까.

충렬왕이 결혼 생활에 염증을 낼 무렵 산 속에 미인들을 숨겨둔 채 사냥한다는 핑계를 대고 미인들과 어울렸다. 공주는 책을 읽거나 정사에 더욱 힘쓰라고 바른말을 했다. 그녀는 남편이 번번이 변명을 늘어놓으며 사냥에 나서자 "여자 사냥을 가려고"라며 한탄했다고 한다. 남편의 바람기에 가슴앓이가 끊이지 않던 공주는 이역 땅 고려에서 한많은 생을 마감했다.

충렬왕이 코톨로 케이미시에게서 낳은 아들 충선왕(재위 1298, 1308~1313)은 1296년 쿠빌라이 방계 혈족 보다시리 베키와 결혼한다. 충선왕은 원나라 인종의 쿠데타에 개입할 만큼 어릴 때부터 제국의 핵심 인물로 지목받아 황태자 교육을

 우마드 Womad – 여성시대의 새로운 코드

받으며 자랐다. 몽골의 적계(嫡系) 혈통을 받은 충선왕에게 보다시리 베키의 지위는 특별한 것이 아니었다.

충선왕과 보다시리 베키의 결혼은 불행했다. 그들의 사랑은 너무 빨리 식었다. 충선왕은 고려인 아내를 여럿 맞았고, 충숙왕을 낳은 몽골 여인 예수진(Yesujin)을 사랑했다. 충선왕과 보다시리 베키는 서로를 증오했다. 이때 끼어든 사람이 아버지 충렬왕이다.

충렬왕은 자기가 사랑한 여인 무비를 때려죽인 아들을 미워했다. 충선왕은 충선왕대로 어머니(코톨로 케이미시 공주)에게 속앓이를 시킨 바람둥이 아버지를 미워했다. 충렬왕은 아들 충선왕을 몰아내 다른 왕을 세우고 보다시리 베키를 새 왕에게 개가(改嫁)시키려 했다. 그 계획이 거의 이뤄질 단계에 이르렀다. 그러던 1307년 원 성종(成宗)이 죽고 충선왕이 무종(武宗)의 옹립에 공을 세우자 상황이 달라졌다. 충선왕은 1308년 다시 왕위에 올랐다. 보다시리 베키는 이혼도 못한 채 미움받는 황후로 밀려났다. 그녀는 1313년 충선왕이 죽자 모든 괴로움을 잊으려는 듯 원나라로 돌아가 1315년 파란만장한 생을 맺었다. 참으로 기구한 운명의 공주였다.

충선왕의 아들 충숙왕(재위 1314~1330, 1332~1339)에게 시집온 몽골 공주들은 그 운명이 더욱 비참했다. 몽골 여인 예수진의 아들 충숙왕은 포악했다. 그는 1316년 이린첸발 공주와 결혼했다. 그러나 얼마 되지 않아 툭하면 주먹을 휘둘렀다.

공주의 코뼈를 부러뜨리는 일까지 있었다. "원나라 공주 중에 남편에게 매 맞고 슬피 우는 이도 있었다"는 말은 그녀를 두고 나온 얘기다.

이린첸발 공주는 남편으로부터 무수히 매를 맞다 3년 만에 죽고 말았다. 공주의 사인을 모두가 궁금해했다. 진실이 영원히 묻힐지도 몰랐다. 1320년 공주가 갑자기 죽자 위로하러 온 친정 아버지(몽골 영왕)의 사절에게 몽골인 시종들이 울면서 사연을 알렸다. "1319년 8월 왕이 공주를 구타해 코에서 피가 넘쳐흘렀고, 9월 묘연사에 가서도 죽도록 패 우리가 공주를 구했습니다." 그러나 원 제국의 왕(영왕)은 이 슬픈 사연을 듣고도 사위인 고려 왕을 벌할 수 없었다.

충숙왕이 1324년에 맞아들인 두 번째 몽골 여인이 아모간의 딸 금동공주다. 그녀는 이듬해 오늘의 서울 용산에서 용산원자라는 아이를 낳았다. 그러나 곧바로 이유를 모르게 죽었다. 사망 날짜도 베일에 가려 있다. 이린첸발 공주가 죽은 사연이 새나갔던 탓인지 몰라도 고려 왕실은 이번만큼은 철저히 비밀에 붙였다. 누가 공주를 사망에 이르게 했을까. 공주가 죽었을 때 나이 18세였다.

충숙왕의 세 번째 여인이 출신 불명 몽골 여인 바얀 코톡크(Bayan Khutug, 경화공주)다. 그녀는 친정이 어디인지부터 알려져 있지 않다. 1333년 왕과 함께 고려에 왔을 땐 왕위가 아들 충혜왕에게 넘어간 뒤였다. 1339년 충숙왕이 죽자 바얀 코톡

충렬왕
- 재위 1275~1308 ·········· 고려 24대왕 원종의 아들
- 부인 코톨로 케이미시 ·········· 쿠빌라이칸의 막내딸
  38세 사망

충선왕
- 재위 1298, 1308~1313 ·········· 충렬왕과 코톨로 케이미시의 아들
- 부인 보다시리 베키 ·········· 쿠빌라이 계통 진왕 카말라의 딸
  1315년 사망
- 부인 예수진 ·········· 출신 불명, 1316년 사망

충숙왕
- 재위 1314~1330, 1332~1339 ·········· 충선왕과 예수진의 아들
- 부인 이린첸발 ·········· 영왕 에센테무르의 딸
  1316년 결혼, 1319년 구타로 사망
- 부인 금동공주 ·········· 위왕 아모간의 딸, 1324년 결혼
  1325년 원인 미상 사망, 18세
- 부인 바얀 코톡크 ·········· 출신 불명, 1344년 사망

충혜왕
- 재위 1331, 1340~1344 ·········· 충숙왕의 아들
- 부인 이린친발 베키 ·········· 관서왕의 큰딸
  1330년 결혼, 충목왕 낳음

충목왕
- 재위 1345~1348 ·········· 충혜왕과 이린친발의 아들
- 부인 12세에 죽어 부인 없음

충정왕
- 재위 1349~1351 ·········· 충혜왕의 서자
- 부인 어려서 죽어 부인 없음

공민왕
- 재위 1352~1374 ·········· 충혜왕과 어머니가 같은 동생
- 부인 보다시리 베키 ·········· 원 종실 위왕의 딸
  1349년 결혼, 1365년 사망

크 공주의 운명도 소용돌이에 휘말렸다. 충혜왕 때문이었다.

충숙왕의 아들 충혜왕은 아름다운 바얀 코톡크 공주가 마음에 들었다. 그래서 아버지가 죽은 뒤 공주를 위로한다며 큰 잔치를 두 차례 베풀었다. 공주도 답례로 주연을 베풀었고, 그 자리가 파하자 충혜왕은 바얀 코톡크의 침실에 들어가 반항하는 그녀를 억지로 욕보였다. 송명리(宋明理)를 비롯한 무리들이 그녀를 붙들어 움직이지 못하게 만든 채였다. 이튿날 공주가 원으로 돌아가기 위해 말을 사려 하자 충혜왕은 아예 마시(馬市)를 열지 못하게 했다. 공주는 1344년 이역 땅에서 온갖 풍상과 모멸을 안은 채 눈을 감았다.

충혜왕(재위 1331, 1340~1344)이 맞은 몽골 여인은 이린친발 베키였다. 어머니뻘인 바얀 코톡크를 강간한 충혜왕이었으니 여성 편력이 어쨌을지는 짐작하기 어렵지 않다. 이린친발 베키는 인생을 포기한 듯 체념 속에 생을 살아야 했다. 원과 고려의 혼인은 공민왕(재위 1352~1374) 때까지 이어졌다. 하지만 고려로 온 공주들 중 누구도 행복한 삶을 살거나 성공을 이룰 수 없었다.

기황후나 허씨 부인에서 보듯 고려에서 몽골로 팔려간 여인들은 많은 성공 사례를 남겼다. 반면 고려로 시집온 몽골 공주들은 왜 이렇게 슬픈 삶을 살았던 것일까? 가장 큰 원인은 몽골 공주들이 홀로 서는 데 실패했다는 것이다.

당시 고려는 몽골의 식민국이나 다름없었다. 몽골 공주만큼 큰 배경과 재력을 지닌 여자가 또 있겠는가. 하지만 그들은 대부분 실패한 인생을 살다 갔다. 홀로 서기는 학력이나 재산, 친정의 위력에 좌우되지 않는 것이다. 스스로 인생을 기획하고 운영할 때만이 홀로설 수 있다. 홀로 서지 못하는 여성은 결코 성공할 수 없다.

거꾸로 자기 뜻과 상관없이 몽골로 내팽개쳐진 고려 여인들은 애초부터 기댈 곳이 없었다. 믿을 데라고는 자신밖에 없었다. 그들은 살아남기 위해 홀로 서야 했다. 고려 여인들의 성공과 비교해보면 몽골 공주들의 실패는 홀로 서기의 실패라는 것이 설득력을 더한다.

공주들이 매 맞아 죽는데도 몽골이 그다지 개입하지 않은 점이 의심스러울 수 있다. 몽골에서는 여자가 시집가는 것을 "모르도흐", 즉 "말 타고 떠난다"고 한다. 혼약을 맺은 처녀가 말 타고 신랑에게 가서 가정을 이룬다는 이 말에는 딸이 한 번 집을 떠나면 다시는 돌아오지 못한다는 의미가 숨어 있다. 신부의 부모는 딸이 준마를 타고 신랑을 따라 타향으로 떠날 때 하염없이 눈물을 흘린다. 신부도 소리 내어 운다. 자기를 키워준 부모와 친정을 영원히 잊지 않겠다는 의미를 담고 있다고 한다. 평범한 유목민의 출가한 딸에 대한 생각은 최고 권력자 칸에게도 유효했다. 일단 시집간 딸이기에 그 삶이 불행하더라도 간섭하거나 응징할 수 없었다.

몽골 공주들이 실패한 이유 하나를 덧붙이자면 고려의 사회 구조에서 찾을 수 있을 것이다. 당시 고려 사회는 '남녀상열지사(男女相悅之事)'가 난무할 만큼 개방적이었다. 조선과 비교한다면 그렇다. 하지만 원이라는 세계 제국, 유목민 사회라는 열린 공동체와 비교해서는 그래도 닫힌 사회가 아니었을까. 홀로 설 수 없었던 몽골 공주들이 고려 사회의 벽을 뚫기란 너무 벅찼을 것이다. 거꾸로 몽골 사회에 놓인 고려 여인들은 물 만난 물고기 같았다.

훌레구가 세운 일칸국에서는 이슬람인의 빚을 갚지 못한 몽골인이 노예 생활을 했다는 기록이 있다. 정복민이 피정복민의 노예 생활을 했다는 사실은 간단한 문제가 아니다. 일제 36년 동안 조선인의 머슴이었던 일본인이 단 한 명이라도 있었는가? 이는 당시 몽골 사회가 얼마나 개방적이었는지를 잘 보여준다.

그런 몽골과 비교할 때, 고려는 분명 닫힌 사회였다. 닫힌 사회의 특징은 칸막이다. 성별과 학연과 혈연과 지연이라는 이름의 수많은 칸막이가 존재한다. 그런 사회는 투명하지 못하다. 개인이 창의적 능력을 발휘할 기회가 없고, 매사가 처음부터 결정돼 있다. 조직이라는 이름의 기존 체계가 굳어 있고, 변화보다 안정을 추구하는 풍토가 사람들을 옭아맨다. 그래서 개인적 홀로 서기로는 닫힌 사회를 허물지 못한다.

열린 사회의 여성

몽골 사회는 매우 개방적이다. 특히 여성을 각별히 예우한다. 요즘도 마찬가지다. 오뜨발(Uddal)은 몽골 작가협회장을 20년이나 지낸 작가다. 세계평화위원회 위원이기도 한 오뜨발에게 바쳐진 시는 몽골에서 여성이 차지하는 사회적 비중이 얼마나 큰지를 보여주고 있다.

> 뭇사람들한테는 생활의 모범
> 남자들에게는 갈등의 해결사
> 학문 세계에는 빛나는 여왕
> 가는 길에는 흔들림 없는 바위이어라

이 시는 사회 한 분야에 우뚝 선 여성을 칭송한다. 남자들이라도 함부로 대하지 못하는 바위 같은 존재이자 오히려 남자들의 갈등을 해결하는 사람이라고 표현한다. 예로부터 유목민에게 여성은 하늘의 뜻으로 인간을 탄생시킨 존재, 모든 문제의 해결사로 인식된다. 지금도 몽골에서는 여성 샤먼(무당)의 수가 남자보다 많다. 샤먼의 기원도 여성이라고 한다. 하늘이 내렸다는 샤먼, 문제를 해결하는 사람은 언제나 여성이다.

몽골에 재미있는 수수께끼가 전해 온다. '심장꽃'이 무엇이
냐는 물음이다. 시 한 편을 두고 그 뜻이 무엇인지 묻는 수수
께끼도 있다.

겔 안의 모든 문제를 정리하는
평화로운 집안의 디딤돌
지키면 행복하고
지키지 못하면 슬픔이 찾아온다

심장꽃이나 이 시가 묻는 문제의 정답은 모두 집 안주인,
즉 어머니이자 여성이다. 심장꽃이란 사람 심장 모양을 한
꽃, 주르생체치크를 말한다. 심장이 사람 몸 안에 피를 돌게
하듯 겔(가정) 안에 사랑의 피와 물을 돌게 하는 사람이 여성
이라고 말하고 있다.

몽골은 시의 나라다. 유목민은 해마다 서너 차례씩 이사하
기 때문에 책을 가지지 않는다. 문자나 기록도 발달할 수 없
다. 그래서 입에서 입으로 전하는 구전 가요와 시가 화려하
게 꽃을 피웠다. 그런 몽골의 시인들 중에 어머니를 노래하
지 않은 이는 없다. 노래나 시의 3분의 2가 여성에 관한 노
래, 어머니에 관한 노래다. 아름다운 여성을 뜻하는 알게르
마, 보석처럼 빛난다는 뜻의 어요마처럼 시의 끝(각운)이

'마'로 끝나는 경우가 많은데, 이것도 여성을 노래하는 시임을 보여주는 예이다. '마'는 여성을 부르는 이름이며 어머니라는 뜻을 지닌다.

저명한 시인 니착 도르츠가 지은 「어머니의 노래」는 몽골인이 가장 좋아하는 시이자 노래다. 잔치 때마다 「어머니의 노래」는 빠지는 법이 없다.

> 몽골의 아름다운 달덩이
>
> 나를 낳아주신 어머니
>
> 아름다운 목소리로
>
> 자장가를 불러주신 어머니
>
> 부지런한 하얀 손으로
>
> 토닥이며 키워주신 어머니
>
> 좋은 말, 바른 길로
>
> 나를 가르치신 어머니

몽골 도시에서 만나는 젊은 연인들은 사람을 당황스럽게 한다. 여성은 화려한 화장과 예쁜 옷, 좋은 구두를 신고 있다. 하지만 남자는 허름한 옷차림이거나 아예 웃통을 벗은 채 다닌다. 마치 공주와 하인 같은 모습으로 비치지만 두 손을 꼭 잡은 그들을 연인이 아니라고 말하기도 난감하다.

이렇게 어울리지 않는 모습의 이면에는 여성을 아끼고 사랑하는 남자의 마음, 사회 분위기가 배어 있다. 남자는 자기 여자를 최고로 예우한다. 모든 여자들은 귀걸이와 반지를 한다. 꼭 해야 한다. 가짜가 아닌 순금으로 한다. 사람들은 여자의 귀가 비어 있으면 안 된다고 말한다. 남자는 자기 여자는 좋은 구두를 신어야 하고 비싼 털옷을 입어야 한다고 말한다. 반면 남자는 남자니까, 튼튼하니까 털옷이 없어도 살 수 있다고 말한다. 그런 남자의 생각 속에 칠거지악(七去之惡)이니 삼종지도(三從之道)니 하는 것이 들어 있을 리 없다.

여자에 대한 남자의 배려는 사회 전체로 확대돼 나타난다. 몽골인들이 가장 선호하는 대학 전공은 법학, 의학, 경영학이다. 이 중 의대의 여학생 비율이 90%에 이르고, 3개 과의 평균도 80%를 넘는다. 놀라운 수치다. 이런 현상의 원인은 1990년대 이후 시장경제로 전환하면서 비롯한 경제난에 있다고도 할 수 있다. 하지만 핵심적인 배경은 여성을 존중하는 문화라고 해야 할 것이다.

우리의 경우 두 자녀를 대학에 보낼 수 없는 상황이 됐을 때 아들을 우선 가르친다. 남존여비의 낡은 풍습이지만 불과 얼마 전까지도 우리 주변에서 흔히 볼 수 있는 모습이었다. 몽골에서는 거꾸로 여존남비라 할 만큼 여성을 보호하고 아낀다. 그들은 남자는 무거운 것을 들 수 있으니 막노동을 해서라도 살아갈 수 있지만 여자는 힘이 부치니 대학을 보내야 한다고 생각한다.

1991년 이전 사회주의 시절에도 여성의 대학 진학률은 높았다. 하지만 그 시절엔 여대생이 사범대에 몰렸었는데, 이젠 주요 학과로 확산됐다. 현재 몽골 정치인은 대부분 남성이다. 10년 후에는 반대 모습이 나타날 것은 불 보듯 뻔한 일이다.

여성의 높은 학력과 성취욕은 사회 활동에 그대로 반영된다. 몽골 의사의 70%가 여성이다. 여성은 전체 노동력의 86%를 차지하며 96% 이상이 문맹을 떨쳤다. 교육 분야도 여성이 거의 독점했다. 대부분 젊은 남성은 군대에 가거나 장사를 한다. 중국과 러시아를 연결하는 중개 무역이다. 자본주의로 전환한 뒤부터 3년은 소규모 무역의 황금기였다. 하지만 1995년부터 러시아인이 직접 무역을 개시하면서 몽골인이 할 장사가 없어졌다. 사회주의 시절처럼 동구나 소련으로 유학을 가기도 어려워 남성과 여성의 차이는 갈수록 벌어지고 있다.

몽골은 분명 여성 사회다. 여성의 활동이 사회적으로 보장된 사회다. 다시 칭기스칸의 법 『대자사크』를 보자. '간통한 자는 사형에 처한다'는 1조에는 약속을 깨뜨려 단합을 무너뜨리는 간통을 없애 신용 공동체를 지키려는 의지가 숨어 있다. 간통 근절의 의지는 가정을 지키기 위한 것이다. 『대자사크』 1조는 남성의 원심력을 통제하는 구심력으로서 여성의 역할을 강조하고 있다.

여성들은 부족 전체 운명을 좌우하기도 했다. 칭기스칸의 아내 버르테의 부족 옹기라트는 대대로 여성들을 다른 부족에 시집보냄으로써 종족의 평화를 유지해왔다. 그 부족 사회 전체가 여성의 가치에 주목하고 있음을 알 수 있다. 버르테 이후 옹기라트족은 칸의 정실(正室)이 되는 전통을 이어 간다. 옹기라트 부족의 여성 인식은 애교와 미모만으로 대표되는 여성스러움의 강조와는 다르다.

우리 옹기라트 사람들은

손녀의 예쁜 얼굴

딸의 미모를 가진 사람들

나라를 안 다투는 자

볼이 고운 딸들을

당신들의 칸이 된 자의

높은 수레에 태워

검은 낙타가 끌고

달려가게 해서

귀부인의 자리에

함께 앉힙니다

우리는 나라와 백성을 안 다투는 자

용모가 빼어난 딸들을 길러

앞방이 있는 수레에 태워

흑청색 낙타가

끌게 하고 가서

높은 자리 한 쪽에

앉게 합니다

예로부터 옹기라트 사람들은

귀부인이라는 방패

딸이라는 보배

손녀의 예쁜 얼굴

딸의 미모를 갖고 있습니다

우리들은 아들들의 목영지를 돌보며
우리의 딸들은 아름다운 얼굴을 보입니다

'우마드'라는 낯선 이름의 글을 쓰게 된 배경이 바로 여기에 있다. 지금 한국 사회는 원(元) 제국처럼 개방적인 사회, 역동성 넘치는 사회로 일대 변신을 하고 있다. 아날로그 사회는 디지털과 인터넷 사회로 바뀌고 있고, 돈보다 중요한 정보가 떠다닌다. 정착민 사회는 도시유목민 사회로 탈바꿈해 누구든 떠돌아 다녀야 하는 세상이 됐다. 그만큼 세상은 유동적이고 변화가 가능해졌다. 그리고 남성 중심 사회는 여성 중심 사회, 신모계 사회로 바뀌었다.

이 변화의 중심에 여성이 있다. 행복과 즐거움을 추구하는 하이퍼클래스 인간, 한(恨)도 없고 군림 사고도 없는, 가슴이 넉넉한 여성이 있다. 신이 내린 본능, 모성애로 충만한 여성들이 있다.

이런 여성들이 이 나라를 바꿀 수 있다. 아니 실제로 바뀌어가는 현장들이 곳곳에서 목격되고 있다. 여성들이여! 자신감을 갖고 자신에게 잠재된 능력을 찾아 나서자. 골치 아프게 새로 무엇을 준비할 필요가 없다. 서양 여성의 성공담을 본뜰 필요도 없다. 그저 참모습으로 돌아가면 된다. 그러면 누구나 성공할 수 있다. 우마드가 될 수 있다.

우마드의 나라, 몽골 속으로

I 태초가 숨쉬는 땅

1921년 11월, 몽양 여운형 선생은 극동 피압박민족 대표자 대회가 열리는 소련 모스크바에 가기 위해 몽골을 통과했다. 몽골이 청나라의 긴 지배에서 해방되고, 러시아에 이어 세계 두 번째로 사회주의국가를 선포한 직후였다. 1936년 제7호까지 출판되다 폐간된 『월간 중앙』에 연재된 몽양의 기행문에는 그가 밀정들 때문에 중국에서 출발하는 기차를 타지 못한 채 자동차로 고비사막을 횡단했다는 기록이 남아 있다. 이 자료는 주한몽골대사관의 하과 영사를 통해 접하고 얻게 됐다. 몽양의 기행문 가운데 눈에 띄는 부분을 옮겨 적는다. 국문으로 쓰인 글이지만, 일부는 현대어로 바꿨다.

여정의 이틀째에 들어서니 고원(고비사막)의 경사는 점점 높아지고 기온은 급속히 한랭해지며 바람이 몹시 일어나 누런 모래가 때로는 앞길을 가릴 만큼 어지러이 날렸다. 마치 거대한 누런 기둥이 사막 복판에서 하늘에 닿도록 서 있는 것이나 선풍에 휘날리는 모래 떼를 바라보는 것은 실로 장관이었다.

이 날은 아침부터 해가 질 때까지 만 하루를 달렸으나 우리의 자동차는 마침내 부락의 그림자조차 발견하지 못했다. 하는 수 없이 비교적 바람 없는 사구(砂丘)의 비슬타리에 조그마한 우물이 있는 것을 발견한 것이나마 천행으로 여기고 그 옆에 하룻밤 노숙을 준비할 수밖에 없었다. 식사는 가지고 온 커피를 자동차용 가솔린 불에 끓인 다음 벌써 꽁꽁 얼어붙은 식료품 몇 가지를 꺼내어 근근이 흉내만 내고, 밤에 들어 갑자기 차가워진 사막의 기온에 떨면서 잘 준비를 했다.

준비라고 해야 가지고 온 자루이불을 모래 위에 펴놓는 것밖에는 별 신통한 도리가 있을 리 없었다. 이불과 요를 겸해 두꺼운 양털가죽으로 만든, 말하자면 커다란 자루처럼 돼 있는 이 침구야말로 우리 사막의 여행자를 위해 다시 없는 유일한 잠자리였던 것이다. 피스톨을 베고 소총은 옆에다 끼고서 가죽옷을 입고 장화를 신고 방한모와 안경을 쓴 채 자루 속으로 쑥 들어가는 것이 무릇 사막 여행자의 취침의식의 전부인 것이다. 잘 때도 총을 손에서 떼지 않는 것은 사막을 횡행하는 표한한 도적 떼를 두려워해서 그러는 것보다 먹을 것을 찾아 밤 벌판을 방황하는 잔인무비한 맹수 떼에 대비하기 위함이다.

방한모로 머리와 뺨을 가리고 방한 안경으로 눈을 가렸으나 그래도 머리를 이불 밖에 내놓을 수 없을 만큼 사막의 밤은 찼다. 한란계를 들여다보니 영하 20도를 훨씬 내리고 있었다. 나는 자루 이불 속에다 머리까지 쑥 파고 들어가 눈을 감았다. 그러나 호흡이 곤란해 이따금씩 자루 밖에 머리를 내놓아 숨을 쉬지 않으면 안 됐다.

그 때마다 나는 주위에 전개된 밤 사막의 무겁고 침울한 광경을 바라볼 수 있었다. 멀리 어둠 속에 희미하게 보이는 평탄한 지평선에서는 끊일 새 없이 마치 무슨 무서운 괴수의 독기처럼 새카만 구름이 뭉게뭉게 떠올라 넓은 하늘을 다 덮어갔다. 그리하여 나중에는 다만 한가운데 하늘의 절정만이 검푸른 야색을 남기고 그 나머지는 완전한 암흑 속에 그림자를 잃고 마는 것이었다. 이 침울하고 처참한 자연의 조화를 바라보는 것은 마치 무슨 불길한 징조나 당하는 것처럼 괴롭고 불안했다.

그러나 몇 번이나 자루 이불 속을 들락날락하는 사이에 이 불길한 자연의 조화는 차차 그 위협의 손을 거두었다. 새카맣던 밤하늘은 차차 그 본래의 암람색을 회복하고 암흑 속에 자취도 없이 사라졌던 먼 지평선도 이제야 그 암시와 약속을 품은 희미한 선으로 대지와 천공을 나누어 놓는다. 그리하여 하나씩 둘씩 반짝거리기 시작한 별들은 삽시간에 온 하늘을 덮어놓고 그 영원히 젊은 눈동자로 밤의 땅을 향해 영구히 풀지 못할 수수께끼를 속살거리기 시작하였다. 나는 추위도 잊어버리고 한참이나 이불 밖에 머리를 내놓은 채로 한없이 아름답고 거룩한 사막을 하늘을 쳐다보았다.

아! 얼마나 장엄하고 얼마나 신비한 광경이랴. 그 광경은 이제 먼 옛날의 아득한 추억 속에 희미해졌으며 또 나의 마음도 벌써 그때의 새롭고 보드라운 젊은 감수성을 많이 잃었으련만, 그래도 이 밤의 기억만은 언제까지나 나의 마음속에 새롭다. 이 사막을 생활의 무대로 하고, 이 밤하늘을 생활의 배경으로 하는 저 유목민들의 정렬과 감격이 어떠한 것인가를 나는 처음으로 아는 듯했다. 세계를 석권한 저 칭기스칸과 그의 뒤를 이은 이민족의 지도자들이 전통과 습관에 저린 정주(定住) 문명에 대해 보여준 저 완화할 수 없는 적대감과 가차 없는 박해와 파괴의 역사도 이 특수한 자연의 분위기 속에 잠길 때에는 극히 단순하고 자연스러운 현상처럼 생각되는 것이었다. 이 한없이 장엄하고 자유로운 자연의 품속에 호흡하고 생활하는 인종이 한 줌의 흙과 한 주먹의 씨로 '삶'을 농사짓고 귀찮은 속박과 아니꼬운 복종의 쇠사슬로 얽어매인 정주 문명의 번잡한 생활 형태와 타협되고 융화되기를 누가 감히 상상할 수 있으랴!

　무량한 감개를 가슴에 품고 밤이 깊어갈수록 점점 심해지는 한기에 떨리면서 머리를 자루 이불 속에 깊이 파묻고 눈을 감았다. 그리하여 억지로 들었던 짧은 잠이 깨니 어느덧 사막의 먼 지평선에는 벌써 희미한 아침빛이 그윽하게 움직이기 시작했다. 공기는 훨씬 찼으나 내 맘은 상쾌하고 시원하여 발걸음이 가벼웠다.

몽양 여운형은 1886년 음력 4월 22일 경기도 양평군에서 태어나, 1947년 7월 19일 서울에서 세상을 떠났다. 그는 한국 근현대에서 뛰어난 정치가였다. 몽양은 1914년 독립운동에 가담해 상해임시정부 의원이 됐다. 그러나 임시정부의 이념이 지나치게 보수적이었기에 다소 거리를 두고 활동했다. 신한청년당(1918년)을 결성해 김규식을 파리강화회의에 파견하고, 중국에 사는 외국인들에게 조선 독립의 정당성을 호소하며 안팎으로 독립에 헌신했다.

1921년 모스크바에서 열린 극동 피압박민족대회에 참석해 나라의 사정을 세계에 호소했고, 1929년 제령(制令)위반죄로 3년 복역하기도 했다. 출옥 후 조선중앙일보사 사장에 취임했다가 1936년 일제에 정간당하자 사임하고 1944년 비밀결사인 조선건국동맹을 조직했다. 건국준비위원회는 광복 직후 권력 공백기에 조선 민중의 자치능력을 발휘할 수 있는 단체였다. 그러나 박헌영 세력의 주도로 1945년 조선인민공화국으로 개편된 뒤, 우익 진영의 참가 거부와 미군정 탄압으로 유명무실해지자, 12월 건준을 조선인민당으로 전환시켜, 진보적 민주주의를 표방한 대중 정당을 조직했다. 1946년에는 좌익 집결체인 민주주의민족전선의 결성에 참여, 중간 우파를 대표하는 김규식과 함께 좌우 합작도 주도했다. 이렇듯 좌우 합작을 통한 조선의 독립과 통일 운동을 벌이다 1947년 7월 19일 다른 정파의 한지근(韓智根)에게 혜화동 로터리에서 피격됐다.

몽양은 고비사막의 밤을 그렇게 추억한다. 몽양이 다녀간 지 79년이 흐른 2000년 겨울, 그 고비사막을 13살 아래지만 친구처럼 막역한 시인 송주성(宋周成)과 여행한 적이 있다. 몽골 초원에는 신의 재앙이라 불리는 가뭄(강)과 혹한(쪼드)이 드물지 않게 들이닥치는데, 그때가 마침 '강'이 끝나고 '쪼드'가 시작되는 겨울 초입이었다. 사막을 지나다 눈보라 속에 홀로 낙오된 어린 양을 보았다. 첫 몽골 여행에 나선 송주성은 살아날 가망이 전혀 없는 어린 양을 안타깝게 바라보며 이렇게 노래했다.

막북(漠北)에 가서

민들레도, 쉬어갈 나무 그늘, 이정표 삼을 바위 하나 허락되지 않은

가도가도 눈보라 치는 겨울들판 밖에 없는 고비를 지나며

우리는 하루 온 종일 살아있는 것이라곤

길 잃은 어린 양 한 마리를 보았을 뿐이었는데

어린 양은 휘날리는 눈 속에 우두커니 서서

발뒤꿈치로 얼어붙어가는 제 추억을 밟고 서서 홀로 된 제 앞날에

열중해 있었지만

막다른 곳이란, 사방팔방이 트인 채 아무것도 없는 곳

양을 스치고 지나가는 차창으로 우리는

내년 봄이 오면 이미 싸늘히 주검으로 그 자리에 얼어 있을 양의

미래를 보면서

희한하게도 우리 자신을 떠올렸던 것이다.

들쥐놈들이 독수리로부터 제 몸 숨길 주먹만 한 돌덩이 하나 없어

슬픈

지평선 말고는 아무것도 가로막는 것이 없어 슬픈

들판 아무데로나 걸어가면 길이었지만

길은 언제나 발끝에서 그 어린 양처럼 멈춰 서 있었고

대지는 너무나 넓어서 닿을 곳이 없었던 것인데

그래서 양이 잃어버린 것은 길이 아니라 동행들이라는 것을 생각

하며

우리는 사이가 너무 멀어서 슬픈 것들을 떠올렸고 몇몇은 술을 찾

았던 것이다.

차 뒤의 뿌연 흙먼지 너머로 어린 양은 점처럼 작아지면서 제 운명

속으로 사라지고

우리는 작년에 잃어버린 그리움이라도 찾아야겠다는 듯

맘 구석을 들쑤셔 낭자한 막북(漠北)의 황혼을 내달렸던 것인데

밤늦게 도착한 숙소 밤하늘에 무수히 빛나는 눈동자

어느새 어린 양은 우리보다 먼저 숙소에 돌아와

우리를 기다리고 있었던 것이었다.

　인간의 생존을 의심케 하는 척박한 자연 환경, 그러나 사람을 끝없이 감동시키는 몽골의 대지는 독특하고도 아름답다.

몽골을 다녀온 여행자들은 누구도 손대지 않은 처녀의 땅을 보았다며 이구동성으로 감탄한다. 100km를 달려도 사람을 만나지 못하는 고요의 땅에서 외로움과 함께 모든 것을 소유한 듯한 풍요로움을 맛본다. 잿빛 콘크리트 건물에 갇힌 채 1초 단위까지 시간을 쪼개 쓰는 삶과는 달라도 한참 다르다.

몽골은 초원의 바다라 부를 만하다. 이런 곳에서 사는 사람들이어서 처음 바다를 보고도 큰 감흥을 받는 몽골인은 드물다. 한 쪽 방향 지평선도 볼 수 없게 돼버린 게 한반도지만 몽골의 초원에서는 사방으로 눈이 끝나는 곳까지 지평선이 이어진다. 그 끝에 사막에서나 나온다는 신기루가 뜬다.

구릉도 없이, 비틀림도 없이, 반듯하게 앞으로만 달려 마라톤 코스를 만들 수 있는 곳은 아마도 세계에서 동(東)몽골 평원뿐일 것이다. 그곳에 야생동물이 수없이 뛰어다니고, 야생화가 지천으로 피어 코를 찌른다. 몽골 남쪽은 고비사막이다. 하얀 모래산이 산맥을 이루어 300km나 뻗어 장관을 이룬다. 고비사막은 먼 옛날 공룡들의 서식지였다. 세계 공룡화석의 3분의 1이 고비 지역에 몰려 있다. 뉴욕 자연사박물관 입구에 버티고 선 거대 공룡 화석만 해도 1920년대 몽골에서 가져간 것이다. 미국인들은 당시 몽골 정세가 어수선한 틈을 타 헐값에 트레일러 20대분 공룡 화석을 챙겨 갔다.

몽골 서쪽은 알타이산맥(金帶山脈)에 막혀 있다. 매를 길러 사냥하는 사람들이 아직도 그 삶을 유지하고 있다. 서몽골에서는 황갈색, 녹청색 같은 고대 색을 지닌 바위산을 볼 수 있다. 태초 지구가 이런 색깔이었을까. 해발 4천m 넘는 알타이 산맥에는 만년설이 수북하다. 눈 쌓인 하얀 봉우리 아래 신석기 시대와 청동기 시대의 바위그림(암각화 巖刻畵)이 30여만 점이나 남아 있다. 유럽 사람들이 알타미라 동굴 벽화를 그렸을 시대에 유목민들이 남겼다는 '호이트 쳉헤린 동굴 벽화'도 새들의 배설물 속에서 숨 쉬고 있다.

몽골 북쪽에는 바이칼호에서 이어온 수많은 호수와 강이 있다. 척박한 땅으로 보이는 몽골이지만 사실은 그 3분의 1이 강과 호수다. 특히 아름다운 곳이 홉수굴 호수다. 전라남·북도만 한 호수는 수심이 200m가 넘는데도 저 아래 물고기가 노니는 게 보일 만큼 맑고 투명하다.

몽골에는 길도 없고 벽도 없다. 어디든 가면 길이다. 그만큼 자유로워서 법이나 행정 규제가 거의 미치지 못한다. 인간은 단지 스스로의 윤리대로 살면 되는 것이다. 그들이 수천 년을 이어올 수 있었던 것도 사람 사는 원래의 방식을 잃지 않아서였는지 모른다.

그렇게 법과 행정의 변방임에도 국가와 민족을 생각하는 마음만은 경건하다. 몽골 말로 투르(Tur)라는 게 있다. 국가의 이미지, 국기와 국장(國章)의 이미지가 섞인 총체적 상징이다. 몽골인들은 아침마다 맨 처음 끓인 하얀 수테차를 투르에 뿌린다. 투표날이면 가장 아름다운 옷을 입고 나서 투표를 한다. 몽골의 투표율은 90%에 육박한다. 몽골인들이 수천km에 흩어져 살고 있음을 감안하면 놀라운 수치다.

몽골 화가와 중부 지방을 여행하다 몽골의 방대함을 실감한 적이 있다. 바양홍고르가 고향인 화가는 친척집에서 융숭한 대접을 하겠다고 호언했다. 그러나 찾아간 바양홍고르에서 우리는 숙소마저 구할 수 없었다. 친누나와 두 동생이 바양홍고르 지역의 다른 곳으로 이사를 하는 바람에 집을 찾을 수 없었던 탓이다. 만나는 사람마다 묻고 또 물어야 했다.

몽골에서는 우리와 너무 다른 유목 문명을 만난다. 수천 년 지속돼온 인류의 초보적 삶의 형태와 마주치게 된다. 그런 몽골을 가장 잘 볼 수 있는 시기가 여름이다. 여행하기 편한 계절이기도 하지만 무엇보다 나담 축제가 있기 때문이다. 몽골 최고의 명절이자 축제다. 올해로 103년을 이어온 나담은 매년 7월 11일부터 13일까지 열린다. 원래는 다른 날이었다가 몽골 혁명기념일로 옮긴 것이다.

나담의 뜻은 '놀다', '즐기다'라는 뜻의 동사 '나다'에서 나온 말이다. 각 솜(郡)과 아이막(道)의 나담에서 승리한 사람들이 전국 나담에 참가한다. 나담 축제일이 되면 울란바타르 근처 초원이 온통 하얀 겔 천지가 된다. 푸른 초원 위에 하얀 겔이 점점이 들어선 장면은 그야말로 장관이다.

나담 축제에서는 전통적으로 부흐(몽골 씨름)와 말 달리기, 활 쏘기의 세 종목을 겨루다 2002년부터 샤가 하르와라는 종목이 추가됐다. 샤가 하르와는 양 복사뼈를 손가락으로 쳐서 제단에 쌓인 뼈 조각을 쓰러뜨리는 게임이다. 우리의 바둑판 '알까기'와 비슷하다. 2003년부터는 육상 경기도 벌어지고 있다.

부흐는 남성만 참가할 수 있다. 19세기 말, 백전백승을 거둔 유명한 부흐 선수가 있었는데 나중에 알고 보니 여자였다. 이 사건 이래 부흐 선수의 의상은 앞 섶이 갈라진 옷으로 바뀌었다. 나담 경기장 밖에서 펼치는 말 경주와 활 쏘기에는 여자 선수도 많다. 말 달리기는 말의 나이에 따라, 선수(어린이들)의 나이에 따라 종목이 분화된다. 활 쏘기는 거리에 따라 종목을 나누고 방식은 우리 국궁과 비슷하다.

몽골 유목민을 말할 때 빼놓을 수 없는 것이 말(馬)이다. 그들은 말을 매우 소중히 여긴다. 암말은 사람에게 젖을 주고 수말은 사람을 태워준다. 말은 유목민의 가족이자 친구다. 말이 죽으면 머리를 잘라 오보(Oboo)에 갖다 놓는다. 오보는 우리 서낭당처럼 고갯길에 만들어놓은 돌무더기다. 사람들은 길을 떠나고 돌아올 때 오보를 세 바퀴 돌고 지나간다. 대부분 유목민들은 말고기를 먹지 않는다. 또한 기르던 말이 늙으면 고삐를 풀어 자유롭게 살라고 놓아준다.

사람들의 친구이기에 말에 관한 시나 노래, 축복사는 수도 없이 많다. 봄에 첫 젖을 짜기 앞서 큰 행사를 열고, 털을 깎기 전에도 의례를 갖춘다. 나담 축제에서 우승이라도 하면 그 말은 온 마을의 우상으로 예우받는다.

말 머리 모양을 딴 악기로 마린 호르라는 것이 있다. 이 마두금(馬頭琴)의 제작 설화가 재미있다. 몽골 사람들은 이 악기를 후후 남지르가 만들었다고 믿고 있다. 후후는 뻐꾸기를 뜻하는 말이니 우리 식으로 표현하자면 꾀꼬리처럼 노래를 잘했던 사람이란 얘기이다.

가난한 후후 남지르가 아름다운 여인을 사랑했다. 하지만 후후 남지르를 부리는 부잣집 주인이 남자를 멀리 떠나보낸다. 남자는 애인이 보고 싶어 하늘을 나는 말을 타고 와 저녁마다 연인을 만나고 아침이면 떠나갔다. 이를 알아차린 부자가 심술을 부려 그 말을 죽였다. 이제 후후 남지르는 연인을 만날 수 없게 됐다. 그는 죽은 말을 아쉬워하고 애인을 그리워하는 마음을 담아 악기를 만들었다. 죽은 말의 머리 모양을 따 악기의 머리를 만들고, 현은 죽은 말의 목털과 꼬리털로 엮었다. 그래서 마두금 연주를 들으면 말을 타고서 하늘을 나는 기분을 누린다고 한다.

마두금으로 연주하는 말 발굽의 선율에, 말을 기리는 노랫말을 듣자면 말을 타고 있는 듯한 흥분이 전해온다. 사방이 지평선인 초원을 내달리는 행복을 부르는 악기다.

말 등에 오르면

가지 못할 곳이 없네

말 등에 오르면

죽지도 않는다네

말이 스스로 길을 찾고

원하는 곳에 데려다 준다네

몽골을 처음 방문하는 한국 사람들은 으레 칭기스칸이라는 대정복자의 나라에 간다는 생각부터 지니게 된다. 그랬다가 돌아올 때엔 우리와 몽골은 어째서 신기하리만치 닮았을까 하는 진한 호기심을 품고 돌아온다.

　한국과 몽골은 여러 면에서 닮아 있다. 먼저 인류학적으로 세계에서 가장 가까운 인종이다. 키, 두개골 편평도, 광대뼈 간 거리, 얼굴 편평도 같은 데이터를 수치화해 종합한 분류학적 거리 지수가 몽골족과 한국인 사이에서 가장 작았다.

　언어에서도 많은 유사점이 발견된다. 두 민족이 어느 시기엔가 같은 지역에서 살았음을 암시하는 유력한 증거다. 한국과 몽골은 체질인류학, 신화, 습속, 음식, 민속에서 놀라울 만큼 많은 부분이 일치한다.

　몽골에 전해오는 구전 설화들은 이동(移動)을 숙명으로 삼았던 고대 한국인들의 노래 〈아리랑〉을 떠올리게 한다. 〈아리랑〉에서 '나를 버리고 가시는 님은 발병 난다'는 대목은 유목 민족에게 가장 무서운 저주라 할 수 있다. '발병'은 유목민의 '이동'을 가로막는 재앙이기 때문이다.

　어떤 학자들은 〈아리랑〉이 몽골 민족의 어머니 알랑 고아

를 지칭한다고 주장한다. 〈아리랑〉에서 '아라리가 났네'는
별 뜻 없이 흥에 겨워 부르는 후렴이 아니라 성녀(聖女) 알랑
의 탄생을 축하하는 뜻일 가능성이 높다는 주장이다.

몽골인들은 한국을 '무지개의 나라'라는 뜻으로 솔롱고스
라고 부른다. 한국인을 만나면 "우리는 일가"라든가 "사돈의
나라에서 온 사람"이라며 환대한다. '사돈'은 결혼한 집안을
뜻하는 몽골어 사둔(Sadun)의 음역이라고 한다.

한국과 몽골의 습속에선 서로 다른 것을 찾아내는 게 더 쉬
울 정도다. 한 예로 고대 몽골의 음주 습속을 보자. 몽골군이
금나라를 침공할 때 남송 관리 조공(趙珙)이 몽골 총사령관
모칼리의 진영을 방문했다. 그는 비밀정찰 보고서 『몽달비
록』에 몽골인의 음주 습속에 대해 다음과 같은 기록을 남기
고 있다.

주인이 손님에게 잔을 바치며 마시도록 권한다. 만약 손님이 다 마
시지 않고 조금이라도 남길 경우 주인은 그를 다시 접대하지 않는
다. 손님이 잔을 비우면 아주 만족해스러워 한다. 이렇게 술을 마시
다 보면 손님들은 취한다. 큰소리로 떠드는 자, 싸우는 자, 실례하는
자, 토하는 자, 드러눕는 자가 생긴다. 그러면 주인은 크게 기뻐하며
"손님이 이렇게 대취한 것은 나와 일심동체가 됐다는 것을 의미한
다"고 말한다.

중국인들 보기에 매우 기이한 음주 관행이었겠지만 한국의 주당들이라면 설명이 필요 없다며 미소 지을 것이다. 몽골 속담에 "싸움이 없으면 잔치가 아니다"라는 말도 있다. 수사법도 비슷해서 화장실 가는 것을 몽골에선 남자는 '말 보러 간다', 여자는 '말 젖 짜러 간다'고 한다. 우리의 '일 보러 간다'와 꽤나 비슷하다.

아침에 까치가 울면 손님이 온다.
좋은 친구는 사귀어봐야 알고 좋은 말은 타봐야 안다.

많이 들어본 말인데, 실은 몽골인들이 쓰는 속담이다. 언어의 유사성 또한 놀라운 것이 많다. 우리가 산에서 '야호'라고 외치는 함성은 몽골에서 온 것이다. 전쟁 중 산에서 병사들이 외치던 '갈까요?'라는 말이 어원이라 한다. '오른쪽으로'는 몽골어로도 '바른쪽으로'다. 우리가 '수지니, 날지니, 해동청, 보라매'라 부르는 매의 이름이 몽골에서는 '수친, 나친, 쿼친, 보로'라고 한다. '송골매'는 '숑호르'다.

제주도 방언에는 몽골에서도 잊혀진 중세 몽골어가 있다. 어승생(좋은 물), 비바리(미래의 머느리라는 뜻으로 처녀를 지칭), 저(빨리), 냉바리(늙은 여자), 정랑(가축이 못 들어오게 집 입구에 쳐놓은 막대기), 허벅(물 항아리) 들이 그런 단어들이다.

　　　　　우마드 Womad – 여성시대의 새로운 코드

3 초원의 사람들

사람이 귀한 땅, 몽골의 초원은 바다와 같다. 반경 50km 안이 한 가족의 영지(營地, 목축지)여서 다른 사람이 방목을 하거나 집을 짓지 않는다. 종일 차를 타고 달려도 사람을 구경하기 힘든 황막한 대지다. 그곳에서 평생을 사는 사람이라면 동물조차 자식처럼 아끼고 사랑할 수밖에 없다. 유목민들의 친절은 '고독'에서 기인하는지도 모른다.

몽골 여성은 한없이 친절하다. 초원을 여행하다 숙소를 잡지 못해 민가에 들렀다. 젊은 부부와 어린 아이 둘이 사는 가난한 겔이었다. 늦은 밤이었는데도 음식을 해낸다고 부산히 움직였다. 전깃불도 없는 깜깜한 겨울 자정에. 음식 생각이 전혀 없다고 하자 부부는 어린 아이들을 바닥에 내려오게 하고 우리에게 침대 둘을 내주었다. 영하 40도의 냉기가 솟는 맨바닥에 어린 자식을 재우는 부부의 모습이 당혹스러워서 그들의 친절에 마냥 감격할 수만은 없었다.

여성들의 나그네 대접을 보면 그 친절이 학습 결과가 아니라 인간의 참모습이라는 진한 감동이 솟는다. 어느 집을 들러도 박대받지 않는다는 것이 몽골 그리고 유목민의 전통이다. 칭기스칸 어록 『빌리크』에는 사람들이 있는 곳에서 혼자 음식을 먹어서는 안 된다는 대목이 있다. 지나가는 나그네도 음식 먹는 사람을 발견하면 무조건 함께 먹을 수 있다고 적고 있다. 전통이 사회 규범이 된 것이다. 집 주인이 집을 비울 때면 어느 곳에 음식이 있으니 먹고 가라는 메모를 남겨둘 정도다.

겔을 방문하면 먼저 남편이 코담배를 권한다. 코로 들이마시는 담뱃가루다. 이어서 아내가 수테차(녹차가루가 섞인 우유차)와 타와크이데(사탕과 치즈)를 차려낸다. 몽골 속담에 '손님이 오면 컵을 물게 해야 한다'는 말이 있다. 빈 입으로 보내지 않겠다는 뜻이다. 술을 대접해도 손님이 취해야만 직성이 풀리는 사람들이다.

유목민의 친절을 두고 우리는 흔히 두 가지 오해를 한다. 하나는 문화 차이에서 비롯된 오해다. 한국에서는 손님에게 냉수를 내는 게 흉이 아니다. 하지만 몽골에서는 생각할 수 없는 일이다. 몽골인은 물이 검정색 물질이라고 생각한다. 검정, 몽골어로 '카라'는 원수에게만 주는 색이다. '카라'라는 단어부터 싫어한다. 그래서 까마귀를 보면 재수 없다고 침을 뱉는다. 누구와 싸우거나 나쁜 일을 겪고 나면 검은 것과 함께 사라지라고 물을 뿌린다.

몽골인은 흰색 '차간'을 좋아하고 신성시한다. 대부분 하얀 옷을 입고, 하얀 집(겔)에 살며, 하얀 차를 마신다. 우유가 든 수테차는 손님에게 행복을 전한다는 의미를 지니고 있다.

그들에게도 녹차나 홍차가 있지만 손님에게 건네는 일은 거의 없다. 백의민족이라는 이름의 기원이 몽골은 아닐까. '희다', '백', '밝다'라는 말의 어원이 모두 몽골에서 왔다고 하니 딱 잘라 아니라 할 수도 없다는 생각이 든다.

또 한 가지 오해는 몽골인이 '아내를 빌려주는 사람들'이라는 생각이다.

중세 이탈리아의 도시국가 베네치아의 상인이자 『동방견문록』의 저자 마르코 폴로는 여행기에 '카인두에서는 남자들이 지나가는 나그네에게 아내나 딸을 제공한다'고 적어 놓았다. 이곳 주민들이 외지인을 손님으로 맞으면 외지인에게 아내나 딸과 잠자리를 하도록 주선해주고 자기는 외출한다는 것이다. 특이한 성 풍습이 전해온다는 하미. 마르코 폴로가 감주로 가기 앞서 3년을 머물렀다는 '카인두'가 바로 하미였다.

이 이야기를 몽골의 풍습으로 오해한 사람들이 많다. 하미는 지금의 중국 감숙성에 있는 실크로드의 길목 도시다. 당시에는 서요(카라 키타이) 사람들의 땅이었고 칭기스칸 이래로 몽골 제국에 통합됐다. 하미 사람들이 나그네에게 아내를 빌려준다는 보고를 받은 멍케칸(몽골 제국 4대 칸)이 그 풍습을 중단시켰다는 기록이 있다. 중단 조치가 내려진 뒤 이상스럽게도 부족민들에게 불행한 사건이 일어나자 하미 사람들이 그 풍습을 얼마간 더 지속하긴 했지만 지금은 그 흔적을 찾아볼 수 없다.

마르코 폴로는 별명이 밀리오네(Milione), 즉 '백만장자'였다. 부자라는 뜻보다 자신의 견문을 이야기할 때 걸핏하면 '백만(百萬)'을 운운했기에 떠벌이, 허풍쟁이라는 의미로 붙은 별명이다. 그가 여행기에 쓴 모든 곳을 다 다녀봤는지에 대해서도 논란이 있다. 아내를 빌려주는 이야기에도 다소 과장이 있고 후대 사람들이 더 부풀렸을 수도 있다. 몽골인의 전통은 친절일 뿐이다. 자녀들 침대까지 내주며 나그네를 재워주고 음식을 장만해주고도 대가를 받지 않는 사람들이다.

그런 오해에도 불구하고 마르코 폴로 여행기는 인류 역사에 커다란 족적을 남긴 작품이다. 다름 아니라 신대륙 발견에 지대한 영향을 미쳤기 때문이다. 『동방견문록』의 애독자였던 콜럼버스는 서쪽으로 항해하면 마르코 폴로가 언급한 황금에 뒤덮인 궁전에 왕이 살고 있는 나라 지팡구(일본)에 도달할 것이라고 생각했다. 거기에서 대칸이 사는 도시 칸발

마르코 폴로의 『동방견문록』

'아내를 빌려주는 풍습'은 『동방견문록』 중 중앙아시아편인 제59장에 실렸다. 『동방견문록』은 서장, 서아시아편, 중앙아시아편, 대칸의 수도편, 중국 북부와 서남부편, 중국 동남부편, 인도양편, 대초원편에 모두 232장으로 구성돼 있다.

(김호동 역, 사계절 간, 2000년)

리크(지금의 베이징, 당시 원제국 수도)까지도 어렵지 않게 갈 수 있을 것으로 예상했다. 항해를 떠나기 앞서 책을 구해 읽은 콜럼버스는 책의 여백에 100개가 넘는 메모를 써넣었다. 아내를 빌려주는 풍속 부분에 '흥미 있다'는 메모를 남기기도 했다.

콜럼버스의 관심사는 동방과의 교역 가능성이었다. '칸발리크'라는 단어 왼쪽에 '헤아릴 수 없이 막대한 교역량(mercacciones innumeras)'이라는 구절을 써놓았다. 그의 항해일지 앞머리에도 대칸을 만나겠다는 의지가 적혀 있다. 그가 카리브해 바하마제도의 와틀링섬을 발견한 뒤 지팡구라고 잘못 생각해 콜바(쿠바) 섬을 찾아간 1492년은 이미 원 제국을 세운 몽골인들이 주원장에 밀려 몽골고원으로 퇴각한 뒤였다.

콜럼버스 항해록

'인디오들에게 들은 정보로는 지팡구가 틀림없는 것으로 여겨지는, 콜바라고 불리는 대단히 큰 섬으로 갈 예정입니다. 그들의 말에 따르면 이 섬에는 아주 큰 배와 상인이 많이 있다고 합니다. … 그러나 본토에 있는 퀸사이시(항저우, 마르코 폴로의 기록)로 가서 두 국왕폐하의 친서를 대칸(大汗)에게 전하겠다는 결심에는 변함이 없습니다.'

(콜럼버스 항해록 1492년 10월 21일 일요일, 라스 카사스 편)